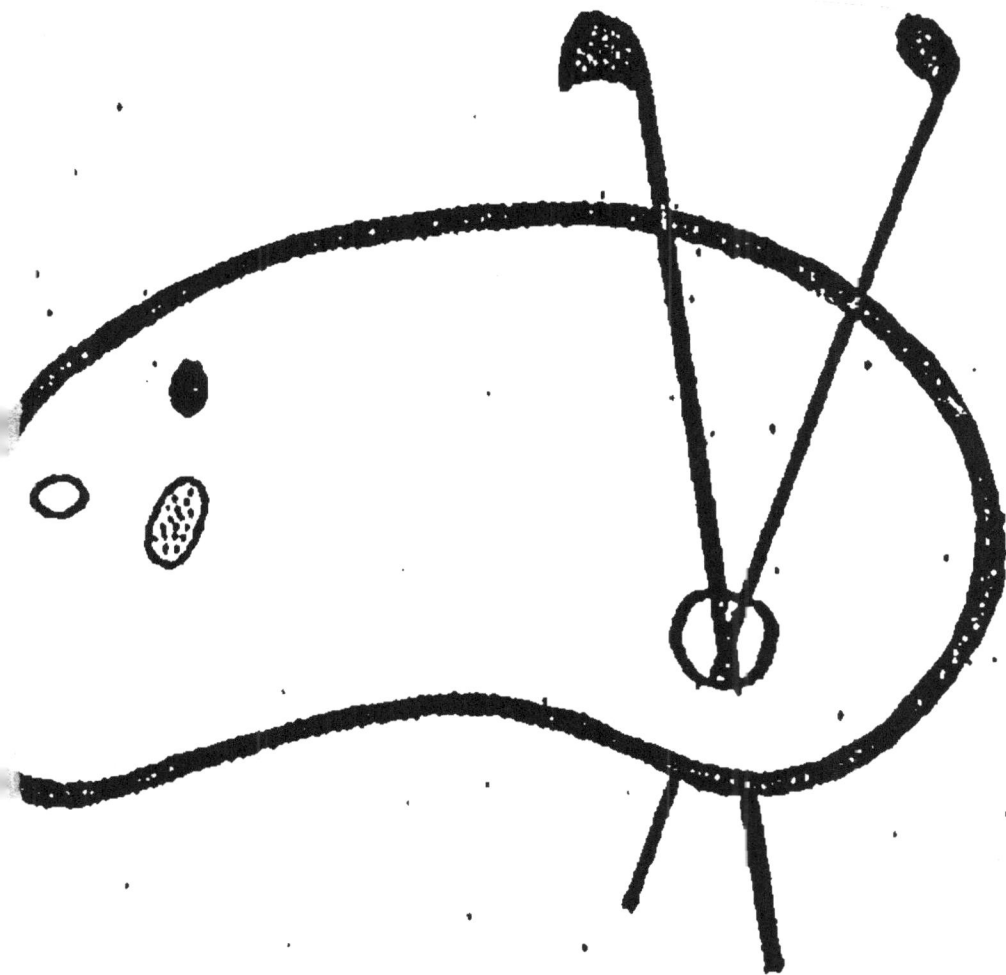

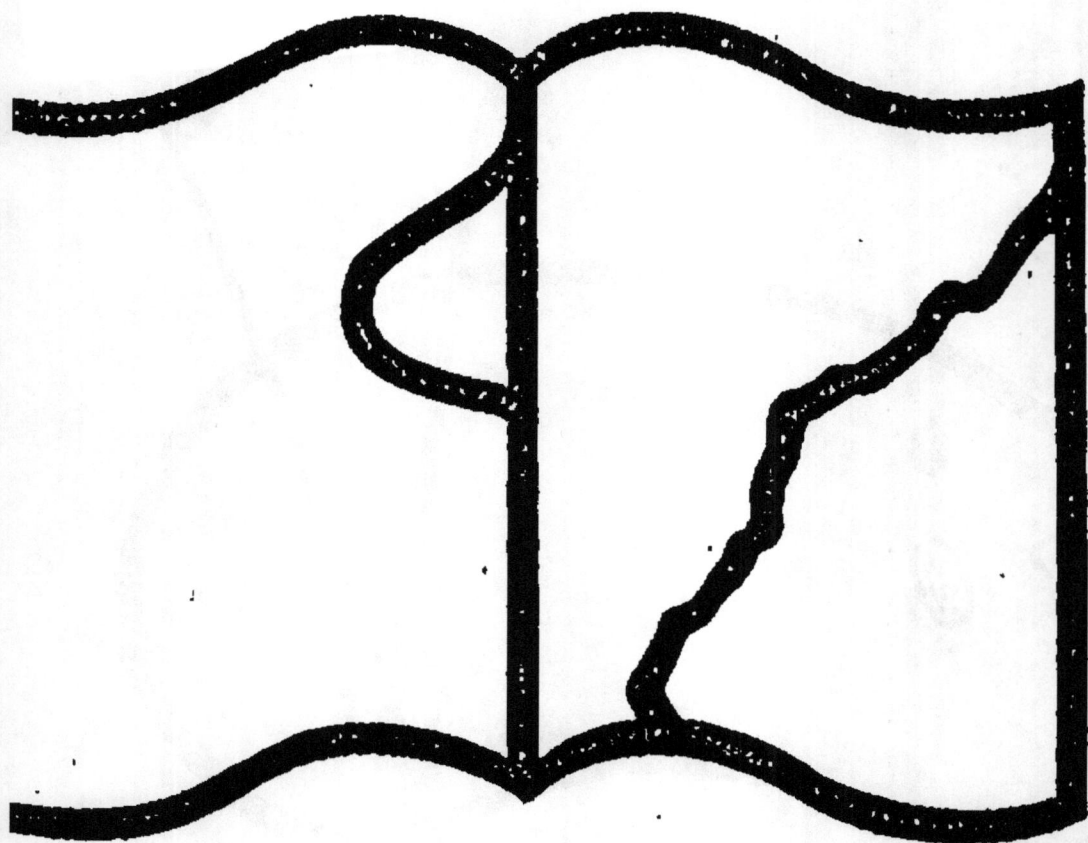

Texte détérioré — reliure défectueuse

NF Z 43-120-11

BONNE PHILOSOPHIQUE

PREMIÈRE PARTIE

RECUEIL

DE TOUTES LES

DISSERTATIONS PHILOSOPHIQUES

DONNÉES A LA SORBONNE

AUX EXAMENS DU BACCALAURÉAT ÈS LETTRES, DE 1866 A 1889

CLASSÉES DANS L'ORDRE DU PROGRAMME DE 1885

PAR

M. SUARD

Professeur de Philosophie

SUIVIES DE PLANS ET DE DÉVELOPPEMENTS SUR LES PRINCIPAUX SUJETS
DU COURS DE PHILOSOPHIE ET DES DISSERTATIONS
DONNÉES A LA SESSION DE NOVEMBRE 1888
DANS TOUTES LES FACULTÉS DES DÉPARTEMENTS

SIXIÈME ÉDITION

PARIS

LIBRAIRIE CROVILLE-MORANT

20, rue de la Sorbonne (en face de la Sorbonne)

(La maison n'a pas de succursale.)

1889

Partie comprenant les épreuves écrites pour l'obtention des bourses de licence à Paris, et les épreuves écrites d'admisssion à l'École normale supérieure

ABONNEMENTS OU VENTE :

Prix du concours de chaque année depuis 1881, comprenant toutes les **Compositions écrites** :

Bourses à la Faculté des **Lettres** et **École normale**, section littéraire : Ensemble 0, 50 et franco. 0 60

Bourses à la Faculté des **Sciences** et **École normale**, section scientifique : Ensemble 0, 50 et franco. 0 60

PARTIE COMPRENANT LES ÉPREUVES ÉCRITES DES LICENCES

Cette publication reproduit depuis 1881, après chaque session d'examens, par feuilles de 4 ou 8 pages in-8°.

POUR LA LICENCE ÈS LETTRES

Les **textes** des deux **épreuves communes** aux divers ordres de Licence, et toutes les **épreuves écrites** (obligatoires et facultatives) **spéciales** à la licence **littéraire**, la licence **philosophique**, la licence **historique**, les licences de **langues vivantes**, et les **noms des candidats reçus**.

ABONNEMENTS OU VENTE :

Une année (trois sessions consécutives). . . . . **1 fr. 50**

Chacune des sessions d'Avril, de Juillet ou de Novembre séparément 0, 50. . . . . Franco   0 fr. 60

Une remise de 50 0/0 est accordée sur le prix de six sessions prises ensemble.

POUR LA LICENCE ÈS SCIENCES

Toutes les **épreuves écrites** spéciales à la Licence ès sciences **mathématiques**, la Licence ès sciences **physiques** et la Licence ès sciences **naturelles**, et les **noms des candidats reçus**. Depuis la session de Juillet 1885, on indique en outre les compositions particulières données aux élèves de 1re et de 2e année à l'École Normale Supérieure.

ABONNEMENTS OU VENTE :

Une année (deux sessions consécutives). . . . . **1 fr. »**

Chacune des sessions de Juillet ou de Novembre séparément, 0, 50. . . . . Franco   0 fr. 60

Une remise de 50 0/0 est accordée sur le prix de quatre sessions prises ensemble.

Recueil de toutes les compositions écrites données à la Sorbonne aux examens de la **Licence ès Lettres** en **1882** et **1883**. 1 vol. in-8°. . . . . **1 fr. 50**

On sait que le décret du 25 décembre 1880 portant modification des épreuves de la Licence ès Lettres et instituant des Licences spéciales a été appliqué à partir de Juillet-Août 1882.

Cette publication a été entreprise pour former avec les feuilles parues régulièrement depuis 1884 un ensemble des épreuves de la Licence ès Lettres depuis sa nouvelle organisation.

COMPOSITIONS données à la Sorbonne aux élèves libres et aux élèves de l'École normale supérieure de 1re et de 2e année, pour les examens de la **Licence ès Sciences physiques** depuis 1869 jusqu'en 1884 ; brochure in-8°. . . . . **1 fr. »**

COMPOSITIONS données à la Sorbonne aux examens de la **Licence ès Sciences naturelles** depuis 1869 jusqu'en 1884, br. in-8°. 1 fr. »

IMP. NOIZETTE, 8, RUE CAMPAGNE-PREMIÈRE, PARIS.

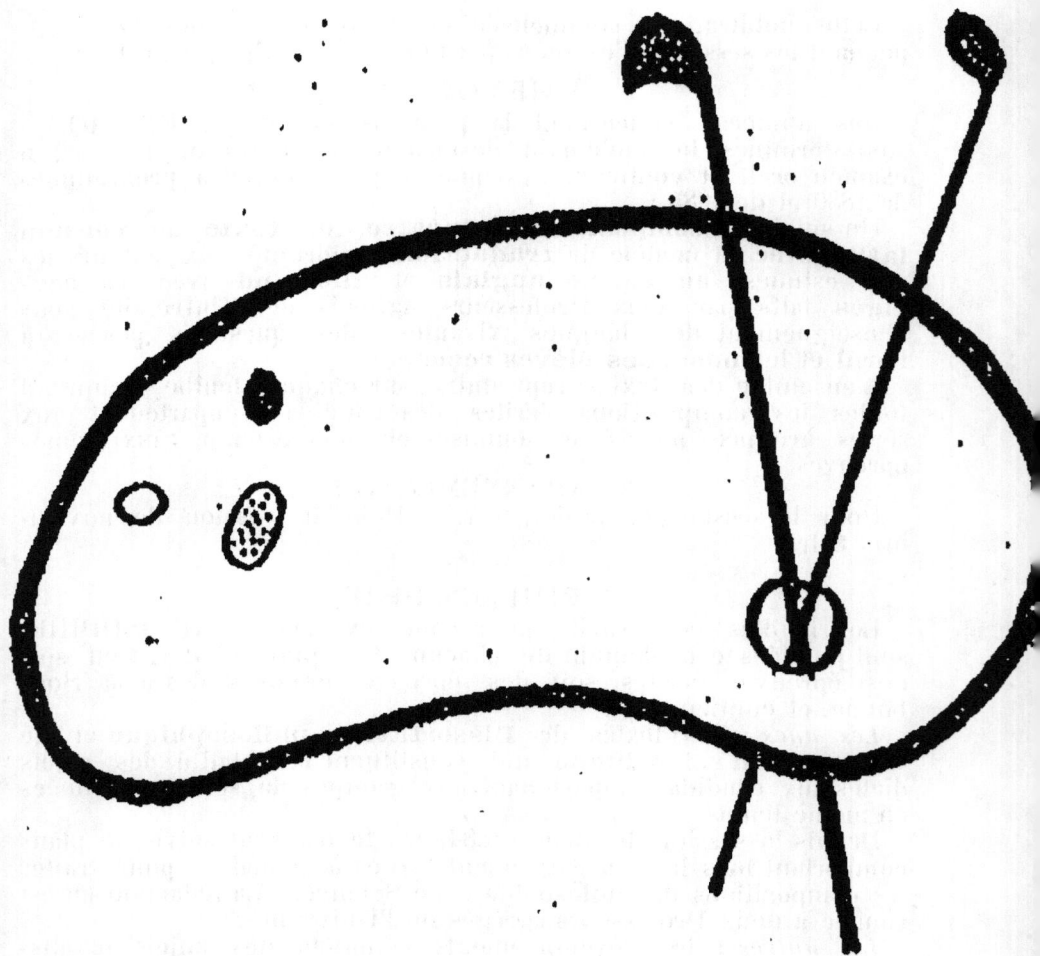

FIN D'UNE SERIE DE DOCUMENTS
EN COULEUR.

SORBONNE PHILOSOPHIQUE

PREMIÈRE PARTIE

a.

A LA MÊME LIBRAIRIE

SORBONNE PHILOSOPHIQUE. DEUXIÈME PARTIE. Recueil de toutes les *Compositions scientifiques* données à la Sorbonne de 1882 (origine de cette épreuve) à 1889, suivies des *solutions développées* de tous les problèmes, de *développements* sur quelques sujets théoriques et des textes des compositions données à la session de novembre 1888 dans *toutes les Facultés* des départements. 1 vol. in-18 (*sous presse, paraîtra prochainement*) . . . . . **1 fr. 50**

SORBONNE PHILOSOPHIQUE

PREMIÈRE PARTIE

RECUEIL

DE TOUTES LES

DISSERTATIONS PHILOSOPHIQUES

DONNÉES A LA SORBONNE

AUX EXAMENS DU BACCALAURÉAT ÈS LETTRES, DE 1866 A 1889

CLASSÉES DANS L'ORDRE DU PROGRAMME DE 1885

PAR

M. SUARD

Professeur de Philosophie

SUIVIES DE PLANS ET DE DÉVELOPPEMENTS SUR LE PRINCIPAUX SUJETS
DU COURS DE PHILOSOPHIE ET DES DISSERTATIONS
DONNÉES A LA SESSION DE NOVEMBRE 1888
DANS TOUTES LES FACULTÉS DES DÉPARTEMENTS

SIXIÈME ÉDITION

PARIS

LIBRAIRIE CROVILLE-MORANT

20, rue de la Sorbonne (en face de la Sorbonne)

(*La maison n'a pas de succursale.*)

1889

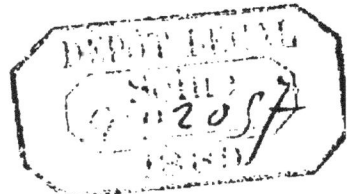

AVERTISSEMENT

Nous offrons aux candidats de philosophie la sixième édition d'un Recueil, dont on peut dire sans témérité qu'il est leur *Guide indispensable* pour la préparation à l'épreuve de la dissertation.

D'abord il est le *Commentaire du programme de philosophie* par les examinateurs eux-mêmes, dont il indique nettement les doctrines et les tendances.

En second lieu, on peut affirmer qu'il embrasse à peu près tous les sujets de philosophie qui peuvent être donnés à l'examen ; car, depuis vingt-deux ans, les juges ont forcément épuisé la série des questions que comporte le programme : aussi, sauf des exceptions qui se font de plus en plus rares, les mêmes sujets reviennent-ils sans cesse, souvent dans les mêmes termes, souvent aussi modifiés dans la forme mais presque toujours identiques pour le fond. Le candidat qui a préparé une réponse à chacune de ces questions, ne peut donc guère être pris au dépourvu.

De plus, ce recueil permettra au candidat de contrôler le cours qu'il a suivi et de s'assurer qu'il n'y existe pas de lacunes. A ce titre, il ne rendra pas moins de services au professeur soucieux de ne rien omettre.

Enfin, les élèves laborieux y trouveront la matière d'un des meilleurs exercices par lesquels ils puissent se préparer à l'examen. Il ne suffit pas toujours, pour traiter le sujet de dissertation proposé, de posséder convenablement son cours : trop d'élèves en font, à chaque session, la dure expérience. Il faut encore bien comprendre le texte de la question, savoir découvrir à quelle partie du cours elle se rattache, et faire un plan conforme aux données de l'énoncé. Or ce n'est pas toujours chose facile : car les juges, préoccupés avec raison de s'assurer que l'élève n'est pas seulement doué d'une heureuse mémoire, proposent souvent le sujet sous une forme propre à déconcerter la routine et à mettre en relief la sagacité des candidats.

Rien ne peut donc être plus utile que de se préparer à cette épreuve par l'étude attentive des textes déjà donnés à la Sorbonne. Voici le double exercice que nous conseillons à l'élève :

1. Aucune des dissertations qui composent ce recueil n'a été mise sans une raison à la place qu'elle occupe : cette raison, qu'il cherche d'abord à s'en rendre compte. Quand il l'aura comprise, il aura par là même ramené son sujet à une simple question de cours, qui lui fournira une ample matière de développement ;

2. Reste à faire le plan dans lequel il encadrera ces matériaux : pour cela il importe de peser, avec la plus scrupuleuse attention, tous les mots qui entrent dans l'énoncé. Un texte mal compris expose à mal traiter la question, à sortir du sujet, à se perdre en digressions, à ne pas profiter des indications fournies par l'énoncé, qui souvent même dessine d'avance le plan à suivre.

Soit le sujet suivant : « La Rochefoucauld a dit : « *L'esprit est souvent la dupe du cœur.* » Tout en reconnaissant la vérité de cette maxime, ne peut-on pas la retourner et dire que souvent aussi le cœur est la dupe de l'esprit ? »

Ce texte, sous une forme originale, cache deux questions de cours.

L'élève en est averti, par cela même qu'il le voit reproduit à deux places différentes : 1° dans la sensibilité, au chapitre des passions ; — 2° dans le chapitre des erreurs. Un peu de réflexion le conduira alors à voir que le sujet se ramène aux deux points suivants, qui lui fournissent un plan conforme aux données de l'énoncé :

1° Influence des passions sur l'entendement ;

2° Influence de la réflexion et de l'imagination sur les sentiments et les passions.

RENSEIGNEMENTS DIVERS

1° Pour classer les dissertations, nous avons suivi les divisions adoptées dans le programme de 1885 ; mais, quand la clarté nous a paru l'exiger, nous ne nous sommes fait aucun scrupule d'introduire des subdivisions.

2° Pour permettre de distinguer facilement les dissertations données depuis l'application du programme de 1885, on les a imprimées en **caractères gras**.

3° Quand une dissertation nous a paru se rattacher à deux chapitres distincts du programme, nous l'avons répétée dans chacun de ces chapitres ; dans ce cas, à la suite de son numéro d'ordre, elle en reçoit un second qui indique à quel autre endroit elle est reproduite.

4° Bien qu'on ne donne plus de dissertations sur les auteurs, nous avons maintenu à leur place en les marquant d'un astérisque (*), les dissertations antérieurement données sur les auteurs inscrits au programme actuel : car elles restent un excellent exercice de préparation.

5° Nous avons retranché de l'histoire de la philosophie toutes les dissertations qui, se rattachant à des questions ou à des auteurs rayés du programme, ne doivent plus être données. Toutefois, pour être complet, nous les avons réunies dans un chapitre à part.

6° Nous avons ajouté un certain nombre de plans ou de développements (1) de sujets donnés dans ces dernières années sur les principales parties du programme, pour indiquer aux élèves dans quelle mesure et avec quelle méthode ils doivent traiter la question qui leur est proposée.

Nous les avons fait suivre des dissertations données à la session de novembre 1888 dans *toutes les facultés des départements*.

7° Les compositions scientifiques ont été également classées dans l'ordre du programme de 1885 et se trouvent dans une *seconde partie qui se vend à part*. On y a donné la *solution* de tous les problèmes et quelques *développements* de sujets théoriques.

---

1. Ces plans ou développements sont extraits du *Journal des Examens de la Sorbonne*, publié par la Librairie Croville-Morant.

1er MARS 1889

LIBRAIRIE CROVILLE-MORANT

20, *Rue de la Sorbonne.* — *Paris.*

(La Maison n'a pas de succursale)

SPÉCIALITÉ D'OUVRAGES ET DE PUBLICATIONS

POUR LA PRÉPARATION AU BACCALAURÉAT ET A LA LICENCE ÈS LETTRES
ET ÈS SCIENCES, ET AUX ÉCOLES DU GOUVERNEMENT

Vient de paraître :

NOUVELLES ANNALES

SCIENTIFIQUES ET LITTÉRAIRES

DU

BACCALAURÉAT ÈS SCIENCES

Énoncés des Questions de Mathématiques et de Physique
avec Solutions et Discussions des Problèmes
Textes et Traductions des Versions latines.

SESSION DE NOVEMBRE 1888

ACADÉMIE d'Aix.	»	50
— d'Alger.	»	25
— de Besançon.	»	75
— de Bordeaux.	»	50
— de Caen	»	75
— de Clermont.	1	»
— de Dijon	»	75
— de Grenoble	»	75
— de Lille	♪	50
— de Lyon	1	»
— de Montpellier.	1	»
— de Nancy.	»	75
— de Paris.	2	»
— de Poitiers.	»	50
— de Rennes	»	50
— de Toulouse	»	25

b,

PUBLICATIONS PÉRIODIQUES

JOURNAL DES EXAMENS DE LA SORBONNE

Partie comprenant les épreuves écrites et orales

DU BACCALAURÉAT ÈS LETTRES

Cette publication, commencée en 1860, paraît tous les jours pendant les sessions d'examens par numéros de 4 pages in-8°.

RHÉTORIQUE

Les numéros concernant la première partie : RHÉTORIQUE, sont terminés le lendemain de chacun des jours où il y a eu examen oral, et contiennent depuis l'application des programmes de 1880 et de 1885 :

Un sujet de **composition française**, un **texte de version latine** avec un modèle de **traduction** emprunté aux auteurs les plus estimés, un **thème anglais et allemand** avec les **corrigés** faits par deux Professeurs agrégés de l'Université pour l'enseignement des langues vivantes, des questions posées à l'oral et les **noms des élèves reçus**.

L'ensemble des textes reproduits sur chaque feuille comprend toutes les compositions écrites des candidats appartenant aux séries groupées pour être soumises en même temps aux mêmes épreuves.

ABONNEMENTS :

Pour la session de juillet, **3 fr.** — Pour la session de novembre, **3 fr.**

PHILOSOPHIE

Les feuilles concernant le second examen : PHILOSOPHIE, sont publiées le lendemain de chacun des jours où il y a eu soit des épreuves écrites, soit des épreuves orales subies à la Sorbonne, et contiennent :

Les unes : les textes de **Dissertation philosophique** et de **Composition scientifique** qui constituent la totalité des sujets dictés aux candidats appartenant aux groupes de séries examinées en même temps.

Depuis la session de mars 1884, ces textes sont suivis de plans comportant tous les renseignements utiles à connaître pour traiter les compositions de Philosophie et de Sciences. La rédaction en est confiée à deux Professeurs agrégés de l'Université.

Les autres : les développements complets des sujets de dissertation philosophique. Cette série de feuilles a commencé à paraître pendant la session de juillet 1887.

ABONNEMENTS :

Session d'avril, **2 fr.**, de juillet, **3 fr.**, de novembre, **3 fr.** — Trois sessions consécutives, **6 fr.**

VENTE :

Les prix des collections correspondant à des sessions terminées sont établis d'après le nombre de feuilles que ces collections contiennent. Ils sont d'autant moins élevés que les sessions sont plus anciennes (Demander le catalogue).

PARTIE COMPRENANT LES ÉPREUVES ÉCRITES ET ORALES

DU BACCALAURÉAT ÈS SCIENCES

Paraissant tous les jours depuis 1860
par numéros de 4 pages in-8°, pendant les sessions d'examens.

Les numéros sont publiés le lendemain de chacun des jours où il y a eu soit des épreuves écrites, soit des épreuves orales subies à la Sorbonne, et contiennent :

Les **énoncés** des questions de **mathématiques** et de **physique** et le texte de la **version latine** proposés la veille aux candidats, avec les **solutions** des problèmes rédigées par un professeur de mathématiques agrégé de l'Université, et la **traduction** de la version tirée d'un ouvrage choisi parmi les plus estimés, en outre l'indication des **interrogations** faites par MM. les Examinateurs et les noms des **élèves reçus.**

ABONNEMENTS :

Sessions d'avril, **2 fr.,** de juillet, **3 fr.,** de novembre, **3 fr.** — Trois sessions consécutives, **6 fr.**

VENTE :

Les prix des collections correspondant à des sessions terminées sont établis d'après le nombre des feuilles que ces collections contiennent et d'après leur ancienneté (Demander le catalogue).

PARTIE COMPRENANT LES ÉPREUVES ÉCRITES ET ORALES

Du Baccalauréat de l'Enseignement secondaire spécial

(ACADÉMIE DE PARIS)

La publication comprend les sujets des **compositions françaises,** les questions de **mathématiques, physique, chimie, histoire naturelle,** avec les **solutions** développées et la discussion des problèmes par un Professeur de Mathématiques agrégé de l'Université, les **thèmes anglais et allemands** avec leur **traduction** dans les deux langues par deux Professeurs agrégés de l'Université pour l'enseignement des langues vivantes, des questions posées à l'**oral** et les **noms** des **élèves reçus.** Il paraît pour chaque jour d'examen un numéro de huit pages in-8° contenant toutes les épreuves communes aux candidats d'une même série.

ABONNEMENTS :

Une année (trois sessions : avril, juillet et novembre) . . **1 fr.** »
Chaque numéro est vendu séparément 0 fr. 30, *franco.*

PARTIE COMPRENANT LES ÉPREUVES ÉCRITES ET ORALES

DU CERTIFICAT D'ÉTUDES

Exigé des aspirants aux grades d'officier de santé ou de pharmacien de 2e classe.

ABONNEMENTS :

Une année (deux sessions, juillet et novembre) . . . . . . **0 fr. 60**

Partie comprenant les épreuves écrites pour l'obtention des bourses de licence à Paris, et les épreuves écrites d'admisssion à l'Ecole normale supérieure

ABONNEMENTS OU VENTE :

Prix du concours de chaque année depuis 1884, comprenant toutes les **Compositions écrites** :

Bourses à la Faculté des Lettres et École normale, section littéraire : Ensemble 0, 50 et franco. 0 60

Bourses à la Faculté des Sciences et École normale, section scientifique : Ensemble 0, 50 et franco. 0 60

PARTIE COMPRENANT LES ÉPREUVES ÉCRITES DES LICENCES

Cette publication reproduit depuis 1884, après chaque session d'examens, par feuilles de 4 ou 8 pages in-8°.

POUR LA LICENCE ÈS LETTRES

Les **textes** des deux **épreuves communes** aux divers ordres de Licence, et toutes les **épreuves écrites** (obligatoires et facultatives) **spéciales** à la licence **littéraire**, la licence **philosophique**, la licence **historique**, les licences de **langues vivantes**, et les **noms des candidats reçus.**

ABONNEMENTS OU VENTE :

Une année (trois sessions consécutives). . . . . 1 fr. 50
Chacune des sessions d'Avril, de Juillet ou de Novembre séparément 0, 50. . . . . Franco 0 fr. 60
Une remise de 50 0/0 est accordée sur le prix de six sessions prises ensemble.

POUR LA LICENCE ÈS SCIENCES

Toutes les **épreuves écrites** spéciales à la Licence ès sciences **mathématiques**, la Licence ès sciences **physiques** et la Licence ès sciences **naturelles**, et les **noms des candidats reçus.** Depuis la session de Juillet 1885, on indique en outre les compositions particulières données aux élèves de 1re et de 2e année à l'École Normale Supérieure.

ABONNEMENTS OU VENTE :

Une année (deux sessions consécutives). . . . . 1 fr. »
chacune des sessions de Juillet ou de Novembre séparément, 0, 50. Franco 0 fr. 60
Une remise de 50 0/0 est accordée sur le prix de quatre sessions prises ensemble.

Recueil de toutes les compositions écrites données à la Sorbonne aux examens de la **Licence ès Lettres** en **1882** et **1883.** 1 vol. in-8°. . . . . 1 fr. 50

On sait que le décret du 25 décembre 1880 portant modification des épreuves de la Licence ès Lettres et instituant des Licences spéciales a été appliqué à partir de Juillet-Août 1882.

Cette publication a été entreprise pour former avec les feuilles parues régulièrement depuis 1884 un ensemble des épreuves de la Licence ès Lettres depuis sa nouvelle organisation.

COMPOSITIONS données à la Sorbonne aux élèves libres et aux élèves de l'École normale supérieure de 1re et de 2e année, pour les examens de la **Licence ès Sciences physiques** depuis 1869 jusqu'en 1884; brochure in-8°. . . . . 1 fr. »

COMPOSITIONS données à la Sorbonne aux examens de la **Licence ès Sciences naturelles** depuis 1869 jusqu'en 1884, br. in-8°. 1 fr. »

EXAMENS D'ADMISSION AUX ECOLES

Polytechnique, Centrale, de Saint-Cyr, Navale

La publication en est faite tous les ans, pendant les examens, par feuilles in-8° adressées successivement aux abonnés. Elle comprend pour chaque école : toutes les **compositions écrites** du concours de l'année courante, les **solutions** des problèmes, le **calcul trigonométrique**, l'**épure** avec l'explication des constructions, et des **questions** posées par les divers examinateurs aux épreuves **orales**. Ces questions sont reproduites par groupes distincts correspondant aux examens des candidats qui, dans un intervalle déterminé, se sont présentés à Paris devant un même examinateur. Les développements relatifs aux compositions écrites sont rédigés par deux Professeurs de Mathématiques spéciales et la copie des questions orales est soigneusement révisée avant l'impression.

ABONNEMENTS :

École Polytechnique	Admissibilité.	8 »
	Admission.	8 »
	Les deux parties.	16 »
École Centrale	Les Mathématiques séparément	10 »
	La Physique, la Chimie et l'Histoire naturelle séparément	8 »
	Mathématiques, Physique, Chimie et Histoire naturelle. Ensemble	15 »
École spéciale militaire de Saint-Cyr	Partie littéraire : Histoire, Géographie, Allemand. .	6 50
	Partie scientifique : Mathématiques, Physique, Chimie.	6 50
	Les parties littéraire et scientifique. Ensemble. . . .	13 »
École Navale	Épreuves scientifiques et littéraires réunies.	11 »

AVIS. — Toute personne qui, souscrivant un abonnement aux examens complets d'une École, demande en même temps la brochure contenant les examens de la même École pour une des années antérieures, bénéficie d'une remise de 50 0/0 sur le prix de la brochure.

La souscription de six abonnements à la publication complète des examens d'une même École donne droit au service gratis d'un septième abonnement pour une des Écoles au choix.

NOTA. — A la fin de chaque concours les numéros formant un ensemble complet sont réunis en brochures.

Institut National Agronomique

Examens d'admission, comprenant le texte de toutes les compositions écrites et des questions posées aux épreuves orales sur toutes les parties du programme.

Abonnement, sessions d'octobre et de novembre. . . . 6 francs.

0,

COMPOSITIONS ÉCRITES D'ADMISSION AUX ÉCOLES

Polytechnique, en 1864 et 1865, chaque année 0 75
— de 1866 à 1889, avec solutions développées des problèmes et épures. Chaque année . . . . 1 »

Normale Supérieure, *Section scientifique*. Ces compositions ont été publiées de 1875 jusqu'en 1884, avec celles de l'École polytechnique (Voir les prix ci-dessus).
Chaque concours depuis 1884 séparément, 0 50, franco 0 60
Section littéraire, chaque concours depuis 1884, 0 50, — 0 60

Centrale des Arts et Manufactures, de 1861 à 1867, soit pendant sept années, énoncés et solutions développées des problèmes, avec 24 épures, etc. Énoncés seuls, 2 fr. — Solutions seules, 2 fr. ou ensemble . . . 3 »
En 1872, 1873, 1874, 1875 et 1876, chaque année : Énoncés seuls, 75 cent. ou avec solutions et épures 1 50
De 1877 à 1889 : Énoncés avec solutions développées et épures. Chaque année 1 50

Saint-Cyr depuis 1864, avec solutions développées des problèmes et épures, chaque année (sauf 1871 où il n'y a pas eu de concours) . . . . 1 »

Forestière, de 1873 à 1881, soit pendant 8 années, avec solutions développées des problèmes, 1 vol. in-8° . . . . 5 »
— de 1886 à 1887, chaque année, contenant les solutions développées des problèmes, 1 vol. in-8° 1 50

Navale, en 1877, 1878, 1879, 1885 à 1889, avec solutions développées des problèmes et épures, chaque année . . . . 1 »

NOTA. — Les compositions écrites de Forestière en 1872 et avant 1870, de Centrale en 1868 et en 1870, se trouvent encore dans les brochures contenant en même temps les examens oraux.
Dix collections différentes prises ensemble donnent droit à une remise de 50 0/0.

Des Ponts et Chaussées (*Élèves externes, Cours préparatoires*). Concours de 1884 et 1885 . . . . . . 1 »
Concours de 1886, 1887 et 1888, ensemble . . 1 »

De physique et de chimie industrielles de la ville de Paris et des Écoles d'Arts et Métiers. Concours de 1884 et de 1885 pour l'admission à l'École de Physique et Concours de 1885, pour l'admission aux Écoles d'Arts et Métiers, in-8° 1

Normale spéciale de Cluny (*Sections des Lettres, des Sciences et des Langues vivantes*), depuis 1885, in-8°. Chaque concours, 0 50 . . . . Franco. 0 60

Vétérinaires. Concours de 1864, pour l'admission à l'École vétérinaire d'Alfort 0 30
— Concours de 1885, pour l'admission aux Écoles vétérinaires d'Alfort, de Lyon et de Toulouse, avec solutions des problèmes . . . . 1 »
— Concours de 1887 et 1888, avec solutions des problèmes, ensemble . . . . 1 »

VIENT DE PARAITRE :

EXAMENS DE SAINT-CYR

LE DISCOURS FRANÇAIS

OUVRAGE TRAITANT

Du Plan

de l'art d'écrire et de corriger son discours

avec des exemples

CONTENANT

SOIXANTE SUJETS NOUVEAUX

ET LES PLANS DE TOUTES LES COMPOSITIONS

Données aux examens de Saint-Cyr

DEPUIS 1864 JUSQU'A CE JOUR

PAR

V. MOHLER

Ancien élève de l'École des Hautes Études
Professeur de littérature à l'École Sainte-Geneviève

2ᵉ édition, 1 volume in-8º. . . . . 3 fr.

Envoi franco.

TEXTES

DES DISSERTATIONS PHILOSOPHIQUES

DONNÉES A LA SORBONNE

AU SECOND EXAMEN DU BACCALAURÉAT ÈS LETTRES

de 1866 à 1889

INTRODUCTION

I

LA SCIENCE; LES SCIENCES. — LA PHILOSOPHIE.

1-732. — Que voulait dire Aristote en disant : « *Il n'y a pas de science du particulier.* »? Rapprocher cette formule de celle des philosophes scolastiques : « *Nulla est fluxo-rum scientia.* » (7 août 1873.)

2-717. — Expliquer et apprécier cette proposition de Socrate et de ses successeurs qu' « il n'y a de science que du général». (11 juillet 1878.)

3.— Quel est le sens de cet aphorisme de Bacon : « *Vere scire, per causas scire?* » (1er avril 1873:)

4. — Énumérer, définir, classer les différentes sciences humaines. (9 août 1871.)

5. — De la classification des sciences. Place de la philosophie dans cette classification. (25 mars 1882.)

II

OBJET ET DIVISION DE LA PHILOSOPHIE

6. — La philosophie est-elle la science universelle embrassant l'ensemble des connaissances humaines, ou a-t-elle un objet propre et déterminé? Quel est cet objet? (15 juillet 1876.)

7. — La philosophie est-elle une science particulière ou la science universelle? Dans quel sens pourrait-elle être l'une et l'autre? (20 juillet 1874.)

8. — Qu'appelle-t-on philosophie des sciences? (9 juillet 1881. — 26 octobre 1882.)

9. — Qu'entend-on par philosophie de l'histoire, philosophie du droit, philosophie des sciences, philosophie des beaux-arts, et en général quel est le sens du mot philosophie dans toutes les expressions analogues? (21 novembre 1872.)

10. — Division de la philosophie. Définition de chacune de ses parties. Ordre dans lequel on doit les étudier. (25 octobre 1881.)

11. — Division de la philosophie. Comment peut-on justifier l'ordre suivi dans l'étude des diverses parties de la philosophie? (16 août 1870.)

12. — Pourquoi doit-on commencer l'étude de la philosophie par la psychologie? Si l'on admet un autre ordre, en donner les raisons. (13 août 1872.)

13. — En quoi la psychologie est-elle nécessaire à la logique, à la morale, à la théodicée? (20 novembre 1867.)

14-576. — La métaphysique est-elle possible sans la psychologie? (30 novembre 1878.)

15. — Des rapports de la philosophie avec les autres sciences. (31 juillet 1872.)

16. — Analyser les rapports de la philosophie avec les autres sciences, et spécialement avec les sciences physiques et naturelles. (10 novembre 1869.)

PSYCHOLOGIE

CHAPITRE PREMIER

OBJET DE LA PSYCHOLOGIE. — CARACTÈRES PROPRES DES FAITS QU'ELLE ÉTUDIE. — LES FAITS PSYCHOLOGIQUES ET LES FAITS PHYSIOLOGIQUES.

17. — **Sur quoi repose la distinction entre la psychologie expérimentale et la psychologie rationnelle**? (8 juillet 1886.)

18. — Par quels caractères se distinguent les phénomènes *psychologiques* des phénomènes *physiologiques*? (4 novembre 1868.)

19. — Distinction des faits physiologiques et des faits psychologiques. (2 avril 1881.)

20. — Marquer par des traits précis et des exemples la distinction des faits psychologiques, des faits physiologiques et des faits physiques. (16 novembre 1871.)

21. — Établir la légitimité de la distinction entre la psychologie et la physiologie. (4 juillet 1878.)

22. — De la distinction de la psychologie et de la physiologie. En quoi cependant ces deux sciences peuvent-elles se rendre de mutuels services? (23 juillet 1873.)

CHAPITRE II

MÉTHODE DE LA PSYCHOLOGIE

I. — *Méthode subjective : la réflexion.*

23. — La psychologie est-elle une science d'observation ou une science de raisonnement? (10 avril 1877.)

24. En quoi consiste la méthode de la psychologie? Qu'a-t-elle de commun et de différent avec la méthode des sciences physiques? (9 novembre 1867.)

25. — De la méthode qu'il convient d'employer en psychologie. La comparer aux méthodes employées dans les autres sciences. (24 novembre 1868.)

26. — De la science psychologique. Rapports et différences de la méthode psychologique et de la méthode des autres sciences. (4 mai 1868.)

27. — De l'observation psychologique. Difficulté de cette observation. Comment peut-on remédier à cette difficulté? (3 août 1872.)

28. — De la méthode psychologique; ses difficultés; discussion des objections qui se sont élevées contre cette méthode. (28 juillet 1874.)

29. — Comparer l'expérience en physique et en psychologie. Montrer les analogies et les différences. (1er mai 1869.)

30-99. — Déterminer l'objet, la portée et le genre de certitude de la conscience. L'opposer, s'il y a lieu, aux autres sortes de certitude. (7 juillet 1877.)

31. — Que pensez-vous de cette proposition de la Logique de Port-Royal, que « les choses que l'on connaît par l'esprit sont plus certaines que ce que l'on connaît par les sens »? (11 août 1874.)

II. — *Méthode objective : les langues, l'histoire*, etc.

32. — Quels sont les moyens auxiliaires dont dispose la psychologie pour compléter et confirmer les résultats de l'observation intérieure? (6 novembre 1872.)

33. — Passer en revue les sources d'information de la psychologie. (21 novembre 1883.)

34. — Comment l'histoire peut-elle être une source d'information pour la psychologie? (12 juillet 1881.)

35. — Que peut-on tirer de l'étude du langage pour la psychologie? (20 juillet 1881.)

III. — *De l'expérimentation en Psychologie*.

36. — L'expérimentation est-elle possible en psychologie? (30 octobre 1876.)

37. — Montrer par une analyse les difficultés et l'insuffisance de la méthode expérimentale en psychologie. Comment peut-on y remédier? (29 nov. 1884.)

38. — **De l'expérimentation en psychologie.** (26 mars 1887.)

CHAPITRE III

CLASSIFICATION DES FAITS PSYCHOLOGIQUES : SENSIBILITÉ, INTEL-
LIGENCE, VOLONTÉ.

39. — Classer les faits psychologiques. Sur quoi se fonde cette classification (8 mai 1870 — 6 novembre 1871.)

40. — Comment détermine-t-on les facultés de l'âme? (6 novembre 1866 — 17 novembre 1870 — 14 juillet 1875.)

41. — Montrer par des exemples quelle est la méthode

à suivre pour déterminer les facultés de l'âme. (21 novembre 1873.)

42. — En quoi consistent les principales différences entre la sensibilité et l'intelligence ? (5 août 1870 — 19 novembre 1872.)

43. — Qu'est-ce qu'une faculté ? La psychologie est-elle possible sans l'étude des facultés de l'âme ? (28 novembre 1879.)

44. — Après avoir distingué les trois facultés principales de l'âme, montrer comment elles s'unissent dans tous les phénomènes psychologiques. (11 août 1868.)

45. — Après avoir distingué les facultés principales de l'âme : *sensibilité*, *entendement*, *activité*, montrer comment elles s'unissent et s'associent pour former l'unité de la vie morale. (16 mars 1877.)

46. — Peut-on séparer absolument les trois facultés de l'âme, et ne se mêlent-elles pas intimement les unes aux autres dans les faits de conscience? (5 août 1875.)

47. — De l'ordre dans lequel se développent les facultés de l'âme dans le cours de la vie humaine. (21 novembre 1871.)

SENSIBILITÉ

CHAPITRE IV

I. — LE PLAISIR ET LA DOULEUR.

48. — Du plaisir et de la douleur. Des causes de ces deux genres d'émotions. Y a-t-il des émotions indifférentes ? (31 juillet 1871.)

49. — De la peine et du plaisir. Quelle est la nature de ces deux sortes de phénomènes? Des différentes espèces de peines et de plaisirs. (0 novembre 1871.)

50-490. — **Nature du plaisir. Son rôle dans la vie intellectuelle et morale.** (22 mars 1888.)

51. — **Nature du plaisir et de la douleur. Leurs rapports. Leur rôle dans la vie intellectuelle et morale.** (19 novembre 1887.)

52. — La nature de la douleur et son rôle dans la vie humaine. (21 mars 1885.)

53-691. — Montrer le rôle et la part de la douleur dans l'éducation de l'intelligence et de la volonté. (30 mars 1878.)

54-690. — Exposer la doctrine de l'épreuve. Montrer combien la vie morale de l'homme serait incomplète sans la douleur, la peine et le travail. (30 octobre 1874.)

II. — SENSATIONS. — SENTIMENTS.

55. — Distinguer les sensations et les sentiments. (10 avril 1876.)

56. — Distinguer les sensations des sentiments. Vérifier cette distinction en étudiant tour à tour chacun de nos sentiments principaux. (28 novembre 1871.)

57. — Distinguer le sentiment de la sensation. Énumérer et classer les principaux sentiments du cœur humain. (15 novembre 1867.)

58. — Distinguer les sensations des sentiments. Classer les principaux sentiments et les définir. (4 mai 1870.)

59-445. — Montrer l'influence réciproque de la pensée sur le sentiment et du sentiment sur la pensée. Donner des exemples. (4 décembre 1879.)

CHAPITRE V

I. — LES INCLINATIONS.

60. — Énumérer et classer les principales inclinations de la nature humaine. (2 août 1867.)

61. — Énumérer et définir les inclinations, affections et passions de l'âme humaine. (21 mars 1879 — 12 juillet 1880 — 12 mars 1883.)

62. — Définir, classer et caractériser les sentiments, les inclinations, les appétits, les penchants et les passions. (18 novembre 1871.)

63. — L'amour de soi est-il le principe de toutes nos inclinations? (13 juillet 1881 — 27 novembre 1885.)

64. — L'amour de soi est-il l'unique principe de tous nos sentiments et de toutes nos affections? (12 mars 1880.)

65-480. — Quels sont les mobiles essentiels de nos actions? Peut-on les réduire à un seul? (29 octobre 1878.)

66. — Tous les sentiments du cœur humain se ramènent-ils à l'amour-propre, comme l'a prétendu La Rochefoucauld? (5 août 1873.)

67. — Y a-t-il dans l'âme des sentiments désintéressés? (28 octobre 1875.)

68. — **Est-il vrai que toutes nos actions aient pour unique mobile l'amour de soi?** (23 novembre 1888.)

II. — LES PASSIONS.

69. — Définir les principales passions. En indiquer l'origine et les effets. (4 avril 1881.)

70. — Faire voir comment toutes les passions dérivent de l'amour et de la haine. (19 juillet 1875 — 27 octobre 1877.)

71. — **Donner une classification méthodique des passions.** (6 juillet 1885.)

72. — **Les passions. Les définir, les classer, montrer comment elles se forment. Dire si l'on est responsable de ce qu'on fait sous le coup de la passion.** (27 octobre 1885.)

73-446. — La Rochefoucauld a dit : « L'esprit est souvent la dupe du cœur. » Tout en reconnaissant la vérité de cette maxime, ne peut-on pas la retourner et dire que souvent aussi le cœur est la dupe de l'esprit? (18 novembre 1869.)

74. — Quel est le rôle des passions dans la nature humaine? L'homme doit-il chercher à les détruire ou seulement à les modérer et à les diriger ? Quelles sont les deux écoles philosophiques de l'antiquité qui ont soutenu l'une ou l'autre de ces doctrines? (23 novembre 1875.)

CHAPITRE VI.

INTELLIGENCE.

75. — Tableau de l'activité intellectuelle (27 novembre 1876.)

76. — Tableau raisonné des facultés, des opérations et des procédés de l'intelligence. (14 mars 1877 — 28 octobre 1878.)

77. — Énumérer, en les caractérisant d'une manière précise, nos diverses facultés intellectuelles. (20 août 1868.)

78. — Classer et caractériser les facultés intellectuelles auxquelles nous devons toute connaissance élémentaire, les éléments ou les principes de toutes nos idées. (14 novembre 1871.)

CHAPITRE VII

ACQUISITION DE LA CONNAISSANCE.

1. — *Les sens et la perception externe.*

70. — Analyse des sensations. Insister sur la distinction des sensations externes et des sensations internes. Expliquer en quoi la sensation diffère 1° de la perception; 2° du sentiment. (18 août 1870.)

80. — Des cinq sens. Des notions que nous devons à chacun d'eux en particulier. Des notions que nous devons à deux ou à plusieurs sens. (19 novembre 1867.)

81. — Énumérer et classer les sens sous le double rapport de l'utilité pratique et de la dignité morale. (27 novembre 1869.)

82. — Caractériser par une analyse psychologique la différence entre les sensations et les perceptions. (16 novembre 1868.)

83. — En quoi consiste la différence des perceptions naturelles et des perceptions acquises? De l'éducation des sens par l'esprit. (10 novembre 1868.)

84. — Comment se forment les perceptions de la vue? (21 octobre 1873.)

85. — Des perceptions de la vue. Part de l'expérience et de l'habitude dans ces perceptions. (22 mars 1875 — 7 décembre 1877.)

86. — De la vue. Quelle est la part de l'habitude et de l'expérience dans les perceptions de ce sens? (5 avril 1876.)

87-434. — Des erreurs des sens. Que faut-il entendre par ce principe que « l'erreur n'est jamais dans le sens lui-même, mais dans le jugement »? (19 août 1869.)

88-435. — Qu'appelle-t-on les erreurs des sens? Expliquer comment il est vrai de dire que les sens ne nous trompent pas, mais que c'est l'esprit qui se trompe en interprétant mal les données des sens. Donner des exemples. (8 août 1872.)

89. — Quelles sont les théories principales que vous connaissez sur la perception extérieure? Les classer et les apprécier. (10 juillet 1877.)

90-630. — De la théorie des *idées images*. Discuter cette théorie. En indiquer les conséquences. (10 août 1874.)

91. — Qu'est-ce que la théorie des idées images? Discuter cette théorie. (16 juillet 1878.)

92. — Montrer que, parmi tous les corps de la nature, nous ne percevons directement que notre propre corps. (28 juillet 1873.)

93. — Comment arrivons-nous à la connaissance de la matière? Cette connaissance est-elle, à proprement parler, une perception ou une conception? (4 août 1869.)

94. — **Montrer que la perception extérieure serait impossible sans l'intervention des principes de la raison.** (28 octobre 1881 — 16 avril 1886.)

95. — **Quelle est la part de la mémoire, de l'imagination et de l'induction dans la connaissance que nous avons du monde extérieur?** (12 juillet 1878 — 16 juillet 1886.)

96. — Qu'entend-on par les qualités premières et les qualités secondes de la matière? (13 août 1869.)

II. — *Conscience.*

97. — Objet et instrument de la perception intérieure. Objet et instrument de la perception extérieure. Comparer ces deux espèces de perceptions. (22 novembre 1872.)

98. — Comparaison de l'observation interne et de l'observation externe ou sensible. (28 novembre 1868 — 29 octobre 1883.)

99-30. — Déterminer l'objet, la portée et le genre de certitude de la conscience. L'opposer, s'il y a lieu, aux autres sortes de certitude. (7 juillet 1877.)

100. — De la conscience psychologique, de son objet et de ses limites. (3 juillet 1880 — 15 mars 1883.)

101. — Par quelle faculté l'âme se connaît elle-même, et quelles sont les idées qu'elle doit à cette faculté. (11 avril 1881.)

102. — Quelle est la part de la conscience dans l'acquisition des idées? (23 novembre 1883.)

103-643. — Analyser la notion de l'*identité* personnelle. Montrer comment elle se forme en nous (et quelles conséquences elle comporte. (25 novembre 1881.)

104. — Qu'est-ce que la conscience? Montrer que c'est à elle, et non aux sens, que nous devons les idées de *substance*, de *cause* et de *fin*. (18 mars 1879.)

105. — Quelle est l'origine des idées de cause, de substance, d'unité et de durée? (29 novembre 1880.)

106. — **Comment acquérons-nous l'idée de cause? Montrer sommairement les principales applications que nous faisons de cette idée, soit dans la science pure, soit dans la morale.** (22 novembre 1886.)

107. — De la conscience et de l'inconscience. Des degrés de la conscience. (2 décembre 1879.)

108. — Y a-t-il dans l'esprit humain des perceptions sans conscience? (2 décembre 1880.)

109. — Des phénomènes appelés inconscients. Peuvent-ils être classés parmi les phénomènes psychologiques? (7 juillet 1885.)

110-777. — Descartes croyait que l'âme, étant une chose

pensante, pense toujours. Quel est votre avis sur cette question? (7 mai 1870.)

111-778. — Est-il vrai de dire avec Descartes que l'âme pense toujours? (4 novembre 1873.)

112. — De la notion du moi. Caractères distinctifs de cette notion. Son importance en psychologie et en morale. (3 août 1874.)

113-639. — **Est-il vrai, comme on l'a dit, que le moi ne soit qu'une** *collection* **de sensations?** (26 novembre 1884 — 23 novembre 1885.)

114-640. — Que faut-il penser de cette proposition : « Le moi est une collection d'états de conscience? » (8 juillet 1882.)

CHAPITRE VIII

CONSERVATION DE LA CONNAISSANCE.

I. — *La mémoire.*

115. — Analyse de la mémoire. (26 mars 1878.)

116. — Théorie de la mémoire. (20 juillet 1883.)

117. — Montrer par des analyses que les conditions du souvenir sont l'identité du moi et l'idée de temps. (26 novembre 1878.)

118. — Des conditions psychologiques de la mémoire. Analyse du souvenir. (3 août 1867.)

119. — Montrer par des exemples la différence de la *réminiscence* et du *souvenir* et, à ce propos, analyser les éléments et les lois du souvenir. (31 octobre 1874.)

120. — Quelles sont les conditions psychologiques de la réminiscence? Quelles sont celles du souvenir? (11 juillet 1879.)

121. — Marquer par des analyses et par des exemples

l'influence de la volonté sur la mémoire. (14 août 1868.)

122-647. — **En quel sens est vrai ce mot de Royer-Collard : « On ne se souvient pas des choses, on ne se souvient que de soi-même »?** (13 novembre 1873 — 17 juillet 1886.)

123-646. — Expliquer et apprécier ce mot d'un philosophe : « On ne se souvient que de soi-même. » (22 novembre 1883.)

124. — De la mémoire. Lois de la mémoire. Qualités d'une bonne mémoire. Des divers genres de mémoire. De la mnémotechnie. (10 août 1870.)

125. — Des qualités d'une bonne mémoire et des diverses espèces de mémoire. (1er décembre 1876.)

126. — De la mémoire *sensible* et de la mémoire *intellectuelle.* Comparer et distinguer ces deux espèces de mémoire. (23 juillet 1874.)

127. — **La mémoire est-elle une faculté unique, ou se compose-t-elle de plusieurs facultés ? Des différentes espèces de mémoire.** (25 novembre 1885.)

II. — *L'association des idées.*

128. — **Rapports de la mémoire et de l'association des idées.** (8 juillet 1885.)

129. — **L'association des idées est-elle une faculté ? Montrez-en la nature et l'importance en psychologie.** (17 novembre 1887.)

130. — Des différents rapports par lesquels s'enchaînent nos idées. (7 novembre 1867.)

131. — Lois de l'association des idées. (20 mars 1875.)

132. — Peut-on expliquer par l'association des idées toutes les opérations de l'intelligence? (18 juillet 1870.)

133. — Quelles sont les principales lois de l'association

des idées? Montrer l'importance de l'association des idées dans la formation de l'intelligence et du caractère. (8 novembre 1872.)

134. — Quelle est l'influence qu'exerce sur la nature et le développement de l'esprit l'habitude des associations *logiques,* ou celle des associations *accidentelles?* (1er décembre 1880.)

III. — *L'imagination.*

135. — **Théorie de l'imagination.** (16 juillet 1885.)

136. — De l'imagination et de la mémoire; leurs rapports et leurs différences. (16 août 1867.)

137. — Comparer les phénomènes psychologiques du rêve, de la rêverie, de l'hallucination. Qu'y a-t-il de commun ou de différent entre eux? (17 mars 1875.)

138. — Distinguer la mémoire *imaginative* de l'imagination *créatrice.* (13 novembre 1868 — 22 novembre 1871.)

139. — De l'imagination créatrice. Faire la part de la mémoire et de la réflexion dans les produits de cette faculté. (8 juillet 1880.)

140. — Peut-on dire que l'imagination crée quelque chose? En quoi consiste le travail créateur de l'art? (16 novembre 1867.)

141. — Quel est le rôle de l'imagination créatrice dans les beaux-arts? (4 août 1874.)

142. — Déterminer le rapport de l'imagination et du goût. Donner des exemples et montrer les applications. (20 juillet 1877.)

143. — Du rôle de l'imagination dans la vie humaine. (10 août 1866.)

144. — Du rôle de l'imagination dans les sciences abstraites. (4 avril 1876.)

145. — Distinguer l'imagination de l'entendement. (4 août 1866 — 17 août 1869.)

CHAPITRE IX

ÉLABORATION DE LA CONNAISSANCE.

I. — *Opérations intellectuelles.*

146. — Quelles sont les principales opérations de l'intelligence? En exposer la théorie élémentaire. (16 novembre 1870.)

II. — *Attention, comparaison.*

147. — De l'attention. La distinguer de la sensation, en décrire les diverses formes et en montrer l'importance dans l'acquisition et la conservation des connaissances humaines. (27 octobre 1879.)

148. — Analyser l'attention. Son rôle dans la formation de nos idées. (16 juillet 1874.)

149. — Quels sont les effets de l'attention sur la sensibilité et l'intelligence? (26 mars 1879.)

150. — De l'attention et de ses différentes formes. (4 mars 1880.)

151. — **De l'attention et de la distraction. Dans quelle mesure dépendent-elles de la volonté?** (9 juillet 1887.)

152. — De l'attention et de la réflexion. Leur nature et leurs effets. (7 juillet 1880 — 14 mars 1883.)

153. — Définir l'attention et la réflexion. Signaler les principales différences entre la connaissance *instinctive* et la connaissance *réfléchie.* (26 octobre 1881.)

154. — **Indiquer la nature et montrer l'importance de l'attention et de la réflexion.** (25 octobre 1886.)

155. — De la comparaison et de son rôle dans la formation des connaissances. (12 novembre 1873.)

156. — De la comparaison. Rôle de cette opération dans les actes divers de l'intelligence. (9 juillet 1870.)

III. — L'abstraction.

157. — De l'abstraction et des idées abstraites. Donner des exemples. (19 mars 1874.)

158. — Des idées abstraites. En donner des exemples dans les différentes sciences. (16 mai 1867.)

159. — De l'usage de l'abstraction : 1° dans nos opérations intellectuelles les plus simples, les plus élémentaires; 2° dans les sciences. (6 août 1875.)

160. — De l'abstraction. Utilité et dangers des notions abstraites. Quels sont les correctifs de l'abus des abstractions? (22 novembre 1876.)

IV. — La généralisation.

161. — De la généralisation. Comment se forment les idées générales? Extension et compréhension des idées générales. (11 août 1870.)

162. — Comment se forment les idées générales? Qu'appelle-t-on l'extension et la compréhension des idées générales? Donner des exemples. (6 mai 1870.)

163. — Comment se forment les idées générales? (11 novembre 1867.)

164. — Analyser le mode de formation des idées générales. Montrer comment les idées générales sont la condition de la science et du langage. (25 novembre 1884.)

165. — Marquer par des exemples l'importance des idées générales dans le langage et dans la science. (5 juillet 1870.)

166. — Comment se forment les idées abstraites de genre et d'espèce? Définir ces deux termes. Qu'entend-on par extension et compréhension? (9 juillet 1878.)

167. — De l'idée abstraite. Comment les idées abstraites se forment-elles dans notre esprit? Qu'entend-on par genre, espèce, extension, compréhension? (23 novembre 1882.)

168-408. — Des genres et des espèces. Méthode pour les déterminer scientifiquement. Quelle est la valeur et la portée des idées générales? (17 mai 1867.)

169. — Quelle est la nature des idées générales? Qu'appelle-t-on, dans l'histoire de la philosophie, *nominalisme* et *réalisme*? (11 novembre 1871.)

170. — Qu'est-ce que l'idée générale? Quelle en est la nature et la valeur? Que savez-vous de la querelle des universaux au moyen âge? (2 décembre 1878.)

171. — Est-il vrai de dire, avec quelques philosophes contemporains, que ce qu'on appelle idée générale n'est qu'un nom? (24 octobre 1873.)

172. — **Des idées générales. Comment se forment-elles et quelle en est la valeur?** (21 mars 1888.)

V. — *Le jugement.*

173. — Théorie du jugement. (28 octobre 1884.)

174. — Établir que le jugement est l'acte essentiel de l'intelligence. (20 juillet 1876.)

175-608. — **Expliquer ces paroles de Pascal : « Nier, croire et douter bien sont à l'homme ce que le courir est au cheval. (20 novembre 1886.)**

176. — Du jugement. Sa nature. Montrer qu'il est irréductible à la sensation. (22 novembre 1884.)

177. — « Tout le monde, dit un moraliste, se plaint de

sa mémoire et personne de son jugement. » Sur quoi se fonde cette préférence donnée au jugement? (22 novembre 1882.)

178. — Du jugement. Tous les jugements sont-ils, comme on l'a prétendu, le résultat d'une comparaison? (27 novembre 1868.)

179. — Dire comment on peut classer les jugements. (27 mars 1874.)

180. — Du jugement et de ses diverses espèces. (9 novembre 1866.)

181. — Quelles sont les principales espèces de jugement? Qu'appelle-t-on jugements analytiques ou synthétiques, jugements a priori ou a posteriori, jugements nécessaires ou contingents? (24 août 1870.)

182. — Expliquer par des exemples et des analyses la différence de ces deux termes : a priori et a posteriori. (12 juillet 1879.)

VI. — Le raisonnement.

183. — Qu'est-ce que le raisonnement? Analyse psychologique et logique de ce procédé. (5 juillet 1878.)

184. — Distinguer et comparer les principales espèces de raisonnement. (5 novembre 1867.)

185. — Distinguer par des traits précis l'induction et la déduction. (8 août 1866. — 5 mai 1868.)

186. — Comparer l'induction et la déduction. Ces deux espèces de raisonnement sont-elles entièrement opposées? Peut-on, à un certain point de vue, réduire l'une à l'autre? (22 mars 1872.)

CHAPITRE X

PRINCIPES DIRECTEURS DE LA CONNAISSANCE : PEUT-ON LES EXPLI-
QUER PAR L'EXPÉRIENCE, L'ASSOCIATION OU L'HÉRÉDITÉ ?

I. — *La raison.*

187. — Qu'entend-on par raison? Quel est le rôle de cette faculté dans la formation et le développement de nos connaissances ? (9 avril 1881.)

188. — **Avons-nous quelque autre faculté naturelle de connaître que les sens et la conscience?** (30 mars 1887.)

189. — **Part de l'expérience et part de la raison dans l'acquisition de la connaissance humaine.** (16 juillet 1888.)

190. — Montrer en quoi diffèrent la raison et le raisonnement. (31 juillet 1866.)

191. — Comment a-t-on pu opposer la raison au raisonnement ainsi que l'a fait Molière dans ce vers :

Et le raisonnement en bannit la raison?

(9 août 1875.)

192. — **Définir la raison et le raisonnement et en déterminer les rapports.** (20 mars 1888.)

II. — *Principes directeurs de la connaissance.*

193. — Qu'appelle-t-on les principes *a priori?* En donner des exemples dans les différentes sciences. (10 août 1871 — 25 novembre 1874.)

194. — Qu'appelle-t-on principe *a priori?* (20 juillet 1873.)

195. — Qu'appelle-t-on jugement synthétique *a priori,* vérité première, axiome ? Donner des exemples. Mon-

trer comment se forment et se développent dans l'esprit les vérités premières. (22 juillet 1875.)

196. — Expliquer cette pensée de Leibniz : « que les principes entrent dans toutes nos pensées et qu'ils sont nécessaires pour penser, comme les muscles et les tendons le sont pour marcher, quoiqu'on n'y pense point ». (22 novembre 1877.)

197. — Des *notions* et *vérités* premières. Quelle différence principale entre les unes et les autres? A combien d'idées fondamentales peut-on réduire les notions premières? (19 mars 1872.)

198. — Quelle différence y a-t-il entre les notions premières et les vérités premières? Donner des exemples des unes et des autres. (28 novembre 1872.)

199. — Distinguer l'*idée* du *jugement*. Appliquer cette distinction à la définition des notions premières et des vérités premières. (1er août 1873.)

200. — Des idées de cause et de substance; leur importance en philosophie. (17 juillet 1875.)

201. — Qu'entend-on par *cause*? Quelles sont les différentes espèces de causes? (12 juillet 1877.)

202. — Quelle différence doit-on faire, dans le langage philosophique, entre ces deux expressions : une cause *seconde* et une cause *première*? (30 juillet 1872.)

203. — Origine psychologique de l'*idée de cause*. Ses rapports avec le principe de causalité. (8 juillet 1878.)

204. — Origine de l'idée de cause. Ses rapports avec le principe de causalité. (31 mars 1882.)

205. — De l'origine de l'idée de cause et du principe de causalité. (16 novembre 1869.)

206. — Du principe de causalité. Sa vraie formule. Dérive-t-il de l'expérience? (5 août 1867.)

207. — Qu'est-ce que le principe de causalité? Est-il *a*

priori ou *a posteriori?* Vient-il des sens, de la conscience ou de la raison? (23 août 1870.)

208. — Qu'est-ce que le principe de causalité? Peut-il dériver de l'expérience? (5 novembre 1872 — 29 octobre 1874.)

209. — Qu'est-ce que le principe de causalité et le principe de substance? Ces deux principes tirent-ils leur origine des sens? (20 août 1869 — 25 novembre 1874.)

210. — Définir avec exactitude le principe des *causes finales*. En quoi diffère-t-il du principe de causalité? Quelles en sont les principales applications? (7 août 1872.)

211. — Quelle est, selon vous, la meilleure formule du principe de finalité? (6 novembre 1878.)

212. Qu'entend-on par causes finales? Doit-on en reconnaître dans la nature? (12 novembre 1869 — 16 mars 1875.)

213. — Des causes finales. (8 juillet 1879.)

214. — Le principe des causes finales peut-il se ramener au principe de causalité? (15 juillet 1881.)

215. — Comparer le principe de causalité et le principe de finalité. (13 juillet 1877.)

216. — Démontrer que le principe de *finalité* est une conséquence de l'idée de *cause première*, que ces deux notions sont liées dans la raison. (1er décembre 1879.)

217-625. — Quelles sont, dans l'intelligence, les idées et les principes irréductibles à l'expérience? Quelle en est la portée légitime? Est-il vrai que ces idées et ces principes ne représentent que des lois formelles de la pensée, des conditions à la fois subjectives et nécessaires, subjectives parce qu'elles sont nécessaires? (9 juillet 1877.)

218. — Comment peut-on dire que l'idée de Dieu résume en elle tous les principes directeurs de l'entendement humain? (10 juillet 1882.)

III. — *L'empirisme* (proprement dit).

219. — De l'origine des idées. Toutes nos idées viennent-elles des sens? (18 août 1868 — 11 juillet 1876.)

220. — Prouver que toutes les idées ne viennent pas des sens. (4 août 1870 — 10 novembre 1874 — 19 juillet 1883.)

221. — L'esprit est-il une *table rase?* (22 juillet 1873.)

222. — Exposer et discuter la théorie de la table rase. Expliquer comment il faut entendre la fameuse exception proposée par Leibniz. (29 novembre 1872.)

223-793. — Expliquer et discuter le système de la *sensation transformée*. (1er août 1872.)

224. — Les facultés intellectuelles et les facultés morales peuvent-elles être, comme le prétend Condillac, le résultat d'une sensation transformée? (23 juillet 1875.)

225. — Des idées d'*espace* et de *temps*. (19 juillet 1878.)

226. — Nature et origine des idées de temps et d'espace. (1er avril 1884.)

(Voir les nos 203, 204, 205, 206, 207.)

IV. — *Théorie de l'association.*

227. — Peut-on expliquer les principes premiers de la connaissance par l'association des idées? (3 novembre 1870.)

228. — **Les idées nécessaires et universelles peuvent-elles s'expliquer par l'association des idées?** (22 juillet 1881. — 26 juillet 1886.)

229. — **De l'association des idées et de ses rapports avec l'habitude. Que faut-il penser de la doctrine qui ramène tous les principes de la raison à des associations habituelles?** (13 avril 1886.)

V. — *Théorie de l'hérédité.* — *Evolutionisme.*

230. — La théorie de l'évolution rend-elle suffisamment compte de ce qu'on appelle les principes innés de la connaissance? (10 juillet 1884.)

231. — **Des principes de la raison. Que savez-vous et que pensez-vous de la manière dont l'empirisme contemporain en rend compte?** (7 juillet 1887.)

VI. — *Théorie de l'innéité.*

232. — Qu'entend-on par la théorie des *idées innées* et par celle de la *table rase?* (2 août 1866.)

233. — Exposer et discuter la théorie des idées innées et celle de la table rase. (22 novembre 1869.)

234. — Comment la théorie de l'*innéité* de Descartes diffère-t-elle de la théorie de la *réminiscence* de Platon? En quoi ces deux théories sont-elles d'accord? (4 décembre 1878.)

CHAPITRE XI

LA VOLONTÉ. — INSTINCT, LIBERTÉ, HABITUDE.

I. — *Les trois modes de l'activité.*

235. — Opposer par leur origine et leurs caractères l'instinct, la volonté, l'habitude. (30 juillet 1875.)

II. — *L'instinct.*

236. — Qu'appelle-t-on instinct dans l'animal et dans l'homme? Quelles sont les lois de l'instinct? (4 mai 1869.)

237. — Qu'appelle-t-on instinct, soit dans les animaux,

soit dans l'homme? Quels en sont les caractères, et comment le distingue-t-on de l'habitude et de la liberté? (17 août 1868.)

238. — **Comparer l'instinct et la raison.** (23 juillet 1888.

239. — Des rapports et des différences de l'instinct et de l'habitude. (29 juillet 1871.)

240. — L'instinct peut-il se ramener à une habitude héréditaire? (12 juillet 1882.)

241. — L'instinct n'est-il autre chose qu'une habitude héréditaire?. (29 novembre 1883.)

242. — Au lieu de dire, comme Aristote, que l'habitude est une seconde nature, faut-il penser, comme Pascal paraît le supposer, que la nature n'est elle-même qu'une première coutume? En d'autres termes, les analogies de l'habitude et de l'instinct autorisent-elles à supposer que l'instinct n'est que le résultat de l'habitude? (22 juillet 1886.)

III. — *La volonté.*

243. — Théorie de la volonté. (3 novembre 1870 — 24 juillet 1883.)

244. — Exposer le fait psychologique de la *délibération.* En tirer les conséquences. (31 juillet 1875.)

245. — Faire la part de la pensée, du sentiment et de la volonté dans le fait psychologique de la *délibération.* (11 mars 1880.)

246. — **Rapports de la sensibilité et de la volonté.** (25 octobre 1888.)

247. — Du rôle de l'*intelligence* dans les phénomènes volontaires. Pourrait-il y avoir volonté sans raison? (3 août 1868).

248. — Analyser le phénomène de la *résolution* volontaire. (25 novembre 1869. — 4 novembre 1871.)

249. — Montrer que la liberté réside dans l'acte inte
rieur de la *résolution* volontaire, et non dans l'action qui
en résulte. Conséquences de cette distinction. (24 juillet
1875.)

250. — Montrer la part de la volonté proprement dite
dans les différentes phases de l'action volontaire. (25 octobre 1880.)

251. — Définir la volonté. Montrer en quoi elle
diffère de l'inclination et du désir. (22 novembre 1881.)

252. — Distinction du désir et de la volonté.
(3 août 1866 — 3 novembre 1875 — 4 avril 1884.)

253. — Montrer en quoi la volonté diffère du désir.
(25 octobre 1877 — 30 octobre 1878.)

254. — Définir et distinguer l'un de l'autre le désir et la
volonté. Importance de cette distinction. (24 novembre
1879.)

IV. — *Personnalité.*

255. — De la personnalité humaine. (16 juillet 1879.)

256. — **De la personnalité. Caractères essentiels
d'une personne.** (25 octobre 1887.)

257. — De la personnalité humaine. Distinction des
personnes et des *choses*. Conséquences morales de cette
distinction. (26 juillet 1875 — 20 juillet 1880 — 16 mars
1883 — 12 juillet 1883.)

258. — En quoi consiste la différence d'une personne et
d'une chose? Analyser l'idée de responsabilité. (6 avril
1881.)

259. — De la personnalité humaine en psychologie et en
morale. (26 octobre 1885.)

V. — La liberté.

260. — Énumérer et expliquer les différents sens du mot *liberté*. (30 juillet 1873.)

261. — Définir et distinguer 1° la liberté d'action; 2° la liberté civile; 3° la liberté politique; 4° la liberté morale. (17 mars 1874.)

262. — Montrer que la liberté *politique* suppose la liberté *psychologique* ou morale. (11 mai 1870.)

263. — Des divers phénomènes moraux par lesquels se manifeste la croyance universelle des hommes à l'existence du libre arbitre. (27 août 1867 — 28 novembre 1868.)

264-421. — Montrer combien la connaissance de l'activité libre est importante pour les sciences morales. (20 mars 1872.)

265-461. — Peut-on concevoir la morale sans le principe de la liberté humaine? (29 juillet 1870 — 17 juillet 1883.)

SYSTÈMES QUI NIENT OU DÉNATURENT LA LIBERTÉ.

Objections vulgaires.

266. — **On oppose souvent à la liberté la nécessité où nous sommes d'agir conformément à notre** *caractère*. **Cette objection est-elle irréfutable? Comment peut-on y répondre?** (24 novembre 1877 — 17 avril 1878 — 30 novembre 1885.)

267. — De l'éducation personnelle de l'homme par lui-même. Est-il vrai que l'homme soit dans la dépendance absolue de son tempérament et de ses penchants? (11 novembre 1873.)

268. — De l'influence des passions, des habitudes, du tempérament et des circonstances extérieures sur l'activité humaine. Montrer que cette influence ne détruit pas la liberté. (25 novembre 1868.)

269-509. — Y a-t-il des degrés dans la liberté morale ? S'il y en a, en donner l'explication. (27 octobre 1882.)

Fatalisme.

270. — Qu'est-ce que le fatalisme ? Cette doctrine peut-elle se concilier avec la responsabilité morale ? (26 juillet 1873.)

271. — Distinguer le *fatalisme* et le *déterminisme*. Réfuter ces deux systèmes. (24 novembre 1876.)

272. — Examen des principales objections du fatalisme. (27 novembre 1878.)

273. — Comment a-t-on essayé de concilier la *prescience divine* avec la liberté humaine ? (7 novembre 1873).

Déterminisme.

274. — **Exposer et discuter les objections des déterministes contre l'existence du libre arbitre.** (21 juillet 1885 — 14 avril 1886.)

275. — L'existence des *motifs* d'action peut-elle fournir une objection décisive contre la possibilité du libre arbitre ? (5 juillet 1884.)

276. — La volonté peut-elle être comparée à une *balance* qui penche du côté le plus lourd ? (21 août 1866.)

277. — Le principe rationnel qui veut que *tout ait sa raison* est-il en contradiction, comme on l'a quelquefois soutenu, avec la libre détermination de la volonté ? (23 mars 1874.)

278. — Qu'appelle-t-on la liberté d'*indifférence* ? (28 mars 1874.)

279. — Qu'appelle-t-on la liberté d'*indifférence* ? L'influence des motifs sur la volonté est-elle une objection valable contre la liberté humaine ? (14 août 1872.)

VI. — *L'habitude.*

280. — Qu'est-ce que l'habitude? Quelles en sont les principales lois? (12 mai 1870.)

281. — De l'habitude et de ses lois. (14 novembre 1874.)

282. — Quelle est la part de la liberté et de la responsabilité dans les phénomènes de l'habitude? (5 juillet 1880.)

283. — **L'habitude détruit-elle la liberté? Rapports de la moralité et de l'habitude.** (22 nov. 1887.)

284. — Distinguer et définir les différentes sortes d'habitudes : les habitudes organiques, instinctives, intellectuelles et morales. (29 juillet 1872.)

285. — De l'influence de l'habitude sur le développement des facultés intellectuelles. (11 juillet 1881.)

286. — De l'influence de l'habitude sur la sensibilité et l'intelligence. (31 mars 1876.)

287. — Influence de l'habitude sur le développement intellectuel et moral de l'homme. (6 août 1867.)

288. — **Influence de l'habitude sur la sensibilité, l'intelligence et la volonté.** (25 novembre 1878 — 24 novembre 1885.)

289. — Caractères et principaux effets de l'habitude. Montrer le parti qu'on peut en tirer pour la bonne direction de l'esprit. (17 juillet 1884.)

290. — **Caractères et principaux effets de l'habitude. Montrer, en terminant, le parti que l'on peut tirer de l'habitude pour la bonne direction de l'esprit.** (31 mars 1887.)

CHAPITRE XII

L'EXPRESSION DES FAITS PSYCHOLOGIQUES.

I. — *Les signes et le langage.*

291. — Du *signe* en général. Sa nature. Quels sont les principaux rapports entre le signe et la chose signifiée ? (28 novembre 1884.)

292. — Ce qu'on entend par *signes.* Des différentes classes de signes selon qu'elles correspondent aux diverses modifications de l'âme : nos besoins, nos désirs, nos idées. Donner des exemples. (8 août 1868.)

293. — Quels sont les divers moyens que l'homme a à sa disposition pour exprimer sa pensée ? (7 avril 1875.)

294. — Quelles sont les diverses espèces de signes que l'homme peut employer pour exprimer sa pensée ? Décrire et classer les langages d'après ces différents signes. (23 novembre 1876.)

295. — De l'interprétation des signes *expressifs.* Comment l'homme apprend-il la valeur des signes ? (25 mars 1874.)

296. — Énumérer les différentes formes du langage *naturel.* En quoi diffère-t-il de ce qu'on nomme langage *artificiel?* (8 novembre 1866.)

297. — Qu'appelle-t-on langage naturel et langage artificiel? Dans laquelle de ces deux classes doit être rangée la parole humaine? (20 novembre 1869.)

298. — Peut-on dire que la parole soit un langage artificiel? (13 novembre 1872.)

299. — Exposer et critiquer les théories les plus récentes sur l'*origine* du langage. (11 juillet 1884.)

II. — *Rapports du langage avec la pensée.*

300. — **Du langage en général et de la parole humaine. Rapports de la parole et de la pensée.** (19 juillet 1888.)

301. — L'homme pourrait-il penser sans le secours des mots? (8 novembre 1867.)

302. — Le langage est-il *antérieur* à la pensée, ou la pensée est-elle antérieure au langage? Quelles sont les principales opinions des philosophes sur l'*origine* du langage (10 août 1875.)

303. — Examiner et discuter ces aphorismes de Condillac, que « nous ne pensons qu'avec le secours des mots » ; et que « l'art de raisonner se réduit à une langue bien faite ». (28 novembre 1876.)

304. — De l'importance du langage dans la formation et la fixation des idées abstraites et générales. (17 juillet 1877.)

305. — Marquer par des exemples l'importance des idées générales dans le langage et dans la science. (5 juillet 1879.)

306. — Les langues sont *synthétiques* avant de devenir *analytiques :* voilà une des lois du langage. L'expliquer et la démontrer. (13 août 1873.)

307. — Que penser de l'invention d'une *langue universelle?* (27 novembre 1877.)

CHAPITRE XIII

LE BEAU ET L'ART.

308. — Du vrai, du beau et du bien. (13 juillet 1878.)

309. — Caractériser et comparer les idées du vrai, du

beau et du bien, et les rattacher à leur premier principe. (21 juillet 1884.)

310. — Qu'entend-on par les idées du bien et du beau ? Qu'est-ce que le *bien en soi* et le *beau en soi?* (3 décembre 1878.)

311. — Le beau doit-il se confondre avec l'*utile* ou avec l'*agréable?* L'art doit-il être exclusivement l'imitation de la nature? (8 août 1873.)

312. — Différence entre le *beau* et le *sublime.* (18 juillet 1881.)

313. — Du beau et du sublime. (28 novembre 1881.)

314. — Analyser les principaux sentiments que fait naître en nous la vue du beau. (18 juillet 1882.)

315. — Quelle différence y a-t-il, dans la poésie et les beaux-arts, entre la *fiction* et l'*idéal?* (30 mars 1874.)

316. — Quel est le sens de ces diverses expressions employées dans la théorie des beaux-arts : l'imitation, la fiction, l'idéal? (13 juillet 1882.)

317. — **Montrer comment la culture esthétique de l'homme par la littérature et les beaux-arts peut contribuer à son perfectionnement moral. (6 août 1869 — 21 juillet 1886.)**

318. — La culture des arts et des sciences est-elle, comme l'a soutenu J.-J. Rousseau, une cause de décadence et de corruption? (27 octobre 1876.)

319. — De la moralité dans l'art. (18 juillet 1884.)

320. — Quelles sont les différences entre les *principes,* les *moyens* et les *fins* de la science, de l'art et de l'industrie ? (3 novembre 1874.)

CHAPITRE XIV

LES RAPPORTS DU PHYSIQUE ET DU MORAL.

321-652. — De l'union de l'âme et du corps. (27 juillet 1876.)

322. — Quelles sont les lois de l'union de l'âme et du corps ? (6 novembre 1869.)

323. — Exposer les principaux faits dans lesquels se manifeste l'influence du *physique* sur le *moral* et, réciproquement, l'empire du moral sur le physique. (17 novembre 1869.)

324. — Montrer par des exemples la double influence du physique sur le moral et du moral sur le physique. En tirer des conséquences. (3 juillet 1879 — 11 juillet 1883.)

CHAPITRE XV

NOTIONS TRÈS SOMMAIRES DE PSYCHOLOGIE COMPARÉE : L'HOMME ET L'ANIMAL

325. — **Différences psychologiques de l'homme et de l'animal.** (11 juillet 1888.)

326. — Différences principales entre l'homme et l'animal. (25 octobre 1876.)

327. — Y a-t-il, entre les facultés qui se manifestent chez l'homme et celles qui se manifestent chez l'animal, assez d'analogies pour que l'on puisse fonder sur elles une psychologie comparée ? Quelles sont les principales de ces analogies ? Quelles sont les différences essentielles et irréductibles ? (25 octobre 1873.)

328. — **Développer cette pensée de Bossuet dans le Traité de la connaissance de Dieu et de soi-même:** « Les animaux n'inventent rien. La première cause des inventions et de la variété de la vie humaine est la réflexion; la seconde cause est la liberté. » (22 novembre 1875 — 22 juillet 1886.)

329. — Des industries des animaux. Ce qu'elles ont d'analogue à l'industrie de l'homme; ce qu'elles ont de différent. (17 juillet 1880.)

330. — De l'âme des bêtes. Quelles sont les diverses opinions sur cette question ? (4 août 1871 — 13 mars 1880.)
Voir Descartes, n°s 780, 781, 782.

LOGIQUE

331. — Objet et divisions de la logique. Ses rapports avec la psychologie et avec les autres parties de la philosophie. (25 novembre 1879.)

332. — Objet et divisions de la logique. Marquer la différence entre l'étude *logique* et l'étude *psychologique* de nos facultés de connaître. (9 avril 1879.)

333. — Objet et parties de la logique. (23 novembre 1881.)

334. — Rapports de la psychologie et de la logique. (27 mars 1882.)

CHAPITRE I

LOGIQUE FORMELLE.

Des termes. — Des propositions. — Des différentes formes
de raisonnement.

335. — Qu'entendait-on dans l'ancienne logique par les trois opérations de l'esprit ? Expliquer les caractères propres à chacune d'elles et leurs rapports. (9 août 1872.)

336. — Du principe d'identité et de contradiction. Son rôle en logique. Est-il le critérium de la vérité ? (8 août 1874.)

I. — *Termes et définitions.*

337. — Classification des idées. (7 août 1875.)

338. — Des idées, de leurs caractères et de leurs différentes espèces. (22 mars 1873.)

339. — Comment l'idée se distingue-t-elle de l'image ? Y a-t-il idée sans image ? (15 juillet 1870.)

340. — Règles de la définition ; donner des exemples. (26 novembre 1868.)

341. — Qu'entend-on en disant que les définitions sont libres ? Expliquer et limiter ce principe. En indiquer les conséquences. (25 novembre 1875.)

342. — Différence de la définition de *mots* et de la définition de *choses*. Règles de l'une et de l'autre. Exemples. (3 août 1870.)

343. — Utilité des définitions. Quelles choses doivent être définies. Règles de Pascal. (7 novembre 1866.)

II. — *Propositions.*

344. — Théorie de la proposition. (19 novembre 1875. — 16 avril 1878.)

345. — Théorie de la proposition, ses éléments, ses diverses espèces. Importance de cette théorie pour la théorie du syllogisme. (29 novembre 1867.)

346. — Analyser les différentes sortes de propositions. En montrer l'accord avec les lois du jugement. (10 avril 1875.)

347. — Quels sont les trois éléments du jugement auxquels correspondent les trois parties de la proposition? (2 août 1873.)

348. — Montrer comment les jugements diffèrent entre eux au point de vue de la *qualité* et au point de vue de la *quantité*. Donner des exemples. (21 juillet 1880.)

349. — Qu'appelle-t-on en logique grammaire générale? 29 juillet 1874.)

III. — *Syllogisme.*

350. — Théorie du syllogisme. (22 août 1867.)

351. — Expliquer par des exemples la différence des *termes* et des *propositions* dans le syllogisme. Distinguer les règles applicables aux termes et celles qui sont applicables aux propositions. (28 juillet 1875.)

352. — Du rôle du *moyen terme* dans le syllogisme. Donner des exemples. (22 juillet 1880.)

353. — Qu'entend-on par la *quantité* et la *qualité* des propositions? Si les deux prémisses d'un syllogisme sont négatives, de quelle nature est la conclusion? Si les deux prémisses sont particulières, que doit-on conclure? 12 août 1873.)

354. — Quelle différence y a-t-il entre les *modes* et les (*figures* du syllogisme? Combien y a-t-il de figures? En quoi consistent-elles? Quels sont les modes concluants dans les deux premières figures? (17 août 1872.)

355. — Modes et figures du syllogisme. (18 juillet 1885.)

356. — Des diverses formes et des diverses espèces de syllogismes. (24 mars 1880.)

357. — Qu'appelle-ton en logique les *dilemmes?* Donner des exemples. (30 novembre 1868.)

358. — Qu'entend-on par dilemme, sorite, enthymème, épichérème, prosyllogisme ? Qu'est-ce qu'un argument *ad hominem*, un argument *a fortiori*, une réduction à l'absurde? Donner des exemples. (8 novembre 1869.)

359. — Définir et distinguer, en donnant des exemples, le syllogisme, l'enthymème, le sorite et le dilemme. (11 novembre 1872.)

360. — Du raisonnement déductif. Dire nettement en quoi il consiste et les grandes règles qu'il y faut observer. Donner des exemples. (13 juillet 1887.)

CHAPITRE II

LOGIQUE APPLIQUÉE

I. — *La méthode en général.*

361-760. — Expliquer par des exemples cette maxime de Descartes : « Ce n'est pas assez d'avoir l'esprit bon, mais le principal est de l'appliquer bien. » (12 novembre 1867.)

362. — **Montrer que, pour penser et raisonner juste, il ne suffit pas d'avoir appris les règles de la logique, mais qu'il importe néanmoins de les connaître.** (24 novembre 1887.)

363. — Quels sont les différents sens des mots si souvent employés d'analyse et de synthèse? (25 août 1869.)

364-764. — Analyser les quatre règles de Descartes et

les réduire à l'essentiel de la méthode qu'elles contiennent. (7 novembre 1874.)

II. — *Méthode des sciences exactes: axiomes; définitions; démonstration.*

365. — Qu'appelle-t-on sciences mathématiques ? En quoi consiste la méthode de ces sciences, et à quoi doit-on attribuer l'exactitude qui les caractérise? (27 novembre 1867 — 5 avril 1881.)

366. — Les vérités mathématiques sont-elles des vérités d'expérience? (17 juillet 1874.)

Axiomes. 367. — Qu'appelle-t-on des axiomes? Les définir et les caractériser. Classer les principaux axiomes que vous connaissez selon les différentes sciences auxquelles ils appartiennent. (21 novembre 1867.)

368. — Qu'appelle-t-on des axiomes ? Quelle est la différence entre les axiomes et les vérités démontrées? Montrer l'importance de la règle suivant laquelle on ne demande en axiomes que des choses parfaitement évidentes. (15 novembre 1871.)

Définitions. — Voir les n°s 340 et suivants.

Démonstration. 369. — De la démonstration. Ses règles. Ses diverses espèces. (8 novembre 1873.)

370. — Du raisonnement et de la démonstration. (22 juillet 1884.)

371. — Est-il vrai de dire, avec Pascal, que la méthode la plus parfaite serait celle où l'on définirait tous les termes et où l'on prouverait toutes les propositions? (5 août 1872.)

372. — Quelle différence existe-t-il entre convaincre et persuader ? (20 août 1866.)

CHAPITRE III

MÉTHODES DES SCIENCES PHYSIQUES ET NATURELLES : OBSERVATION, EXPÉRIMENTATION, HYPOTHÈSE, INDUCTION, CLASSIFICATION, ANALOGIE, DÉFINITIONS EMPIRIQUES.

373. — Quelle est la différence entre les sciences physiques et les sciences naturelles ? Appuyer cette distinction sur des exemples. (28 mars 1873.)

374. — Qu'entend-on par méthode expérimentale ? En donner les règles. Citer des exemples. (7 novembre 1871 — 6 novembre 1874.)

375. — Règles de la méthode expérimentale. (2 décembre 1876.)

376. — Définir par des exemples la méthode expérimentale dans les sciences positives. (20 août 1867.)

377. — En quoi la méthode *expérimentale* diffère-t-elle de l'*empirisme* ? (2 mai 1868.)

378. — La théorie de l'expérience conduit-elle nécessairement à l'empirisme ? Montrer la différence des deux idées que ces deux termes impliquent. (21 juillet 1876.)

379. — **De l'expérience et de la méthode expérimentale.** (21 juillet 1887.)

380. — Distinguer la méthode *démonstrative* et la méthode *expérimentale*. De l'union de ces deux méthodes dans les diverses sciences. (4 novembre 1868.)

I. — *Méthode des sciences physiques.*
Observation. Expérimentation.

381. — Distinguer l'observation et l'expérimentation, (14 novembre 1866.)

382. — Distinguer l'observation et l'expérimentation. Donner des exemples. (11 avril 1870.)

383. — Règles de l'observation et de l'expérimentation. (23 novembre 1877).

384. — Montrer par des exemples comment il faut entendre les principales règles de l'expérimentation. (17 août 1875.)

Hypothèse.

385. — **De l'hypothèse. Son rôle dans les sciences.** (10 juillet 1885.)

386. — De l'emploi de l'hypothèse dans les sciences. A quelle condition l'hypothèse scientifique devient-elle une loi? (25 novembre 1867.)

387. — De l'hypothèse. De l'emploi des hypothèses dans les sciences positives. (17 août 1870.)

388. — Du rôle de l'hypothèse dans la méthode expérimentale. (1er août 1871.)

389. — Qu'appelle-t-on une hypothèse ? Quelles sont les conditions de la vérification des hypothèses scientifiques? Donner des exemples. (18 novembre 1873.)

390. — De l'hypothèse. Son utilité et ses dangers. Caractères d'une bonne hypothèse. Citer des exemples. (25 juillet 1873.)

391. — Des hypothèses. Leur danger, leur utilité. Des exemples. (6 avril 1875.)

392. — Définir le mot *système*. Qu'est-ce qu'un système en philosophie? Donner des exemples. Qu'appelle-t-on un esprit systématique ? (4 juillet 1879 — 13 juillet 1883.)

393. — Qu'appelle-t-on un système, un *système naturel*, un *système scientifique ?* Montrer que la science, ayant pour objet de reproduire la nature, doit avoir des systèmes.

Quel est le péril des systèmes scientifiques ? Quel est l'abus de l'esprit systématique ? (20 novembre 1873.)

394. — Quelle différence y a-t-il entre un *système* et une *théorie* ? Donner des exemples tirés de la philosophie. (29 novembre 1882.)

Induction.

395. — De l'induction. Son principe. Donne-t-elle la certitude ou seulement la probabilité ? (22 juillet 1882.)

396. — **Du raisonnement inductif. Donner par des exemples une idée nette de cette opération. Du genre de certitude qu'elle comporte. Des conditions requises pour qu'elle soit scientifiquement correcte.** (18 novembre 1887.)

397. — Du fondement de l'induction. (3 août 1878.)

398. — Quel est le fondement de la certitude dans nos raisonnements inductifs ? (30 juillet 1874.)

399. — Comment peut-on légitimement conclure du particulier au général, comme le fait la méthode inductive ? (26 novembre 1877.)

400. — Faire la part de l'expérience et de la raison dans l'induction. (24 août 1867 — 24 novembre 1871.)

401. — L'induction est-elle réductible à l'expérience ? Ne suppose-t-elle pas un principe rationnel, et quel est ce principe ? (6 août 1668.)

402. — Les lois de la nature sont-elles contingentes ou nécessaires ? (16 juillet 1878.)

403-485. — Préciser le sens scientifique du mot *loi*, et montrer ce qu'est la loi : 1° dans le monde physique ; 2° dans le monde moral. (11 août 1886.)

404-486. — Comment s'élève-t-on à l'idée de *loi* dans les sciences de la nature ? Qu'est-ce qu'une loi *physique* ?

En quoi les lois physiques diffèrent-elles de la loi *morale* ? (5 mai 1869—26 juillet 1872.)

405. — **Des lois de la nature. Montrer avec des exemples en quoi elles consistent, l'intérêt qu'il y a à les connaître, comment on les découvre et on les vérifie. (25 juillet 1887.)**

II. — *Méthode des sciences naturelles. Classification.*

406. — Montrer le lien de la généralisation et de la classification. (9 novembre 1874.)

407. — Quel est le rôle des idées générales dans les classifications ? Comment se forment les idées générales ? Comment se subordonnent-elles entre elles ? Donner des exemples. (19 novembre 1873.)

408-168. — Des genres et des espèces. Méthode pour les déterminer scientifiquement. Quelle est la valeur et la portée des idées générales ? (17 mai 1867.)

409. — Montrer par des exemples le rapport qu'il y a entre les deux opérations de l'esprit qu'on appelle la *définition* et la *classification*. La définition est-elle possible sans la classification ? (2 août 1875.)

410. — Des classifications. Montrer par des exemples détaillés la différence des classifications *naturelles* et des classifications *artificielles*. (23 novembre 1871.)

411. — Des classifications, soit naturelles soit artificielles. En donner des exemples. (26 novembre 1867.)

412. — Des classifications naturelles. Prendre des exemples dans la science. (24 août 1868.)

413. — Des classifications naturelles. En quoi elles diffèrent des classifications artificielles. Donner des exemples. (27 octobre 1880.)

414. — Qu'est-ce que la classification naturelle ? En signaler le principe et les différents caractères. Exemples empruntés aux sciences naturelles. (11 août 1875.)

Analogie.

415. — **Rapports et différences entre l'induction et l'analogie.** (24 juillet 1885.)

416. — **Marquer les rapports et les différences qui existent entre l'analogie et l'induction.** (26 novembre 1885.)

CHAPITRE IV

DE LA MÉTHODE DANS LES SCIENCES MORALES. — LE TÉMOIGNAGE
DES HOMMES ; LA MÉTHODE HISTORIQUE.

I. — *Méthode des sciences morales.*

417. — Que doit-on entendre par l'expression : *sciences morales*, et en quoi les sciences morales diffèrent-elles des sciences physiques ? (1er août 1866.)

418. — Que faut-il entendre par cette expression : sciences morales ? Quelles sont les principales différences des sciences *physiques* et des sciences *morales* ? (25 octobre 1882.)

419. — Qu'appelle-t-on sciences morales et politiques ? Quelles sont ces sciences ? En quoi se distinguent-elles des sciences physiques et naturelles ? (26 octobre 1875.)

420. — Comparer la méthode applicable aux sciences physiques et la méthode employée dans les sciences morales. (23 mars 1885.)

421-204. — Montrer combien la connaissance de l'activité libre est importante pour les sciences morales. (20 mars 1872.)

422. — Montrer que les vérités de l'ordre moral ne sont pas susceptibles du même genre de démonstration que les vérités mathématiques et que les vérités de l'ordre physique. (7 août 1869 — 24 juillet 1886.)

423-589. — De la certitude propre aux vérités de l'ordre *moral.* (10 novembre 1871.)

424-590. — En quoi diffère l'évidence *géométrique* de l'évidence *morale ?* (6 novembre 1873.)

II. — *Le témoignage des hommes.*

425. — Sur quels fondements repose la croyance à la véracité du témoignage humain ? (1er décembre 1877.)

426. — Analyser la foi naturelle au témoignage de nos semblables. Quelle est la part du témoignage dans le progrès des connaissances humaines ? (29 novembre 1879 — 26 octobre 1880.)

427. — Des règles du témoignage humain selon qu'il s'applique à des *doctrines* ou à des *faits.* (4 novembre 1869.)

III. — *La méthode historique.*

428. — Exposer les règles de la critique des témoignages. Appliquer ces règles spécialement à la critique des témoignages historiques. (22 octobre 1873.)

429. — Règles de la critique historique. (5 août 1868.)

430. — Appliquer les règles du témoignage à la critique historique. (30 nov. 1869.)

431. — Du témoignage et de la critique historique. Principales sources des erreurs en histoire. Règles à observer pour s'en défendre. (18 juillet 1887.)

CHAPITRE V

DES ERREURS ET DES SOPHISMES

I. — Des erreurs.

432. — L'erreur est-elle dans l'idée ou dans le jugement? (13 mars 1877 — 27 mars 1878.)

433. — Qu'est-ce que l'erreur? Est-elle imputable à l'intelligence et, dans ce cas, comment peut-on défendre contre les sceptiques la légitimité de nos facultés de connaître? (26 octobre 1878.)

434-87. — Des erreurs des sens. Que faut-il entendre par ce principe, que « l'erreur n'est jamais dans le sens lui-même, mais dans le jugement »? (19 août 1869.)

435-88. — Qu'appelle-t-on les erreurs des sens? Expliquer comment il est vrai de dire que les sens ne nous trompent pas, mais que c'est l'esprit qui se trompe en interprétant mal les données des sens. Donner des exemples. (8 août 1872.)

436. — L'erreur est-elle un fait de l'entendement ou de la volonté? (4 décembre 1880.)

437. — Dans quelle mesure est-il vrai de dire que l'erreur est involontaire? (16 juillet 1881.)

438. — L'erreur est-elle l'œuvre de la volonté? (24 novembre 1881.)

439. — En combien de classes peut-on diviser nos erreurs? Quels sont les principaux moyens d'y remédier? Donner des exemples. (21 mars 1872.)

440. — **De l'erreur et de ses causes.** (0 juillet 1885.)

441. — **Nature et causes générales de l'erreur.** (1ᵉʳ avril 1887.)

442. — **De l'erreur. En dire la nature et les causes principales.** (12 avril 1886.)

443. — Añalyser les *causes morales* de nos erreurs. Donner des exemples. (16 août 1876.)

444. — De l'influence des *passions* sur l'entendement. Erreurs qui en dérivent. (9 novembre 1868.)

445-59. — Montrer l'influence réciproque de la pensée sur le sentiment et du sentiment sur la pensée. Donner des exemples. (4 décembre 1879.)

446-73. — La Rochefoucauld a dit : « L'esprit est souvent la dupe du cœur. » Tout en reconnaissant la vérité de cette maxime, ne peut-on pas la retourner et dire que souvent aussi le cœur est la dupe de l'esprit ? (18 novembre 1869.)

447. — Qu'appelle-t-on sophismes d'amour-propre, d'intérêt et de passion ? (22 juillet 1874.)

448. — Que signifie cette maxime de Bacon : « *Veritas filia temporis, non auctoritatis* » ? (18 novembre 1872 — 19 juillet 1877.)

449. — Des erreurs qui ont leur origine dans le *langage*. Des moyens d'y remédier. (18 novembre 1867.)

II. — *Des sophismes.*

450. — **Des principales espèces de raisonnements faux. Prendre des exemples dans lesquels on montrera où est au juste le vice du raisonnement.** (21 novembre 1888.)

451. — Des diverses manières de mal raisonner que l'on nomme *sophismes*. Quelles sont les principales sources de mauvais raisonnements ? Donner des exemples. (10 novembre 1866.)

452. — Définir les paralogismes et les sophismes. Donner des exemples de la pétition de principe, du dénombre ment

imparfait, de l'ignorance de la cause et des ambiguïtés de mots. (16 novembre 1875.)

453. — De l'ambiguïté des termes et des moyens d'y remédier. (30 novembre 1881.)

454. — Examiner le sophisme de logique qui consiste à *supposer vrai ce qui est en question* , ou pétition de principe. Donner des exemples de ce genre de sophisme. (3 mai 1869.)

455. — **Examiner les principaux sophismes. Donner des exemples.** (13 juillet 1885.)

MORALE

456. — De l'objet de la morale. La morale est-elle une science ou un art? (2 août 1871.)

457. — Objet et divisions de la morale et plus spécialement de la morale spéculative? (10 mars 1880.)

458. — Objet de la morale. Quelles sont les principales questions de la morale spéculative. (24 novembre 1882.)

459. — Objet et parties de la morale. Ses rapports avec la psychologie. (28 octobre 1879.)

460. — En quoi la morale suppose-t-elle la psychologie? (5 mai 1870.)

461. — Peut-on concevoir la morale sans le principe de la liberté humaine? (29 juillet 1870 — 17 juillet 1883.)

462. — Des rapports de la morale et de la théodicée. (22 août 1868.)

463. — Peut-on séparer la morale de la théodicée? (24 juillet 1874.)

CHAPITRE PREMIER

PRINCIPES DE LA MORALE

I. — La conscience morale.

464. — Exposer avec précision les différents sens du mot *conscience*, en philosophie. (17 novembre 1868.)

465. — Quels sont, en philosophie, les différents sens du mot *conscience*? (12 juillet 1876 — 17 août 1876.)

466. — Etablir la distinction entre la conscience *psychologique* et la conscience *morale*. (27 mars 1885.)

467. — Analyse de la conscience morale. (20 novembre 1866.)

468. — Qu'est-ce que la conscience morale? Est-ce la même chose que la raison? (19 juillet 1882.)

469. — La conscience morale est-elle une faculté à part ou peut-elle être réduite à une faculté plus générale? (26 août 1868.)

470. — Qu'est-ce que la conscience morale? Faut-il la rapporter à la sensibilité ou à la raison? (12 mars 1877. — 2 avril 1878.)

471. — Déterminer les différences et les rapports de la *conscience morale* et du *sentiment moral*. (24 mars 1873.)

472. — **Peut-on dire avec certains philosophes qu'il existe en nous un sens moral? Faire la critique de cette expression.** (23 nov. 1886.)

473. — Montrer que le vrai sentiment auquel on reconnaît la présence de la loi morale, c'est le *respect*. C'est un phénomène tout à fait distinct, comme Kant l'a remarqué, et de l'*inclination* et de l'*admiration*. (31 juillet 1873.)

474. — De l'universalité des notions morales. Discuter

les objections des sceptiques. (21 mars 1873 — 12 avril 1877.)

475. — Exposer et discuter les principales objections contre l'universalité des principes de la morale. (16 juillet 1884.)

476-618. — Réfuter le scepticisme *moral* fondé sur la diversité et la contradiction des mœurs, des opinions et des doctrines. (7 juillet 1883.)

477. — Réfuter l'opinion suivant laquelle la distinction du bien et du mal n'est qu'un résultat de la *coutume* et de *l'éducation*. (13 août 1866.)

478. — Peut-on expliquer par l'éducation et la coutume l'origine des idées morales dans l'humanité ? (19 novembre 1869.)

Motifs de nos actions.

479. — Quels sont les principaux motifs de nos actions ? Peuvent-ils se réduire à l'intérêt et au devoir? (26 novembre 1870 — 21 juillet 1883.)

480-65. — Quels sont les mobiles essentiels de nos actions ? Peut-on les réduire à un seul ? (29 octobre 1878.)

481. — Quels sont les principaux motifs de nos actions volontaires ? (27 novembre 1883.)

Voir *Inclinations*, nos 63, 64, 66, 67.

II. — *Le bien.*

482. — Qu'appelle-t-on le *bien moral* ? Quelle distinction doit-on établir entre le bien *absolu*, ou bien en soi, et le bien *moral* ? (27 octobre 1873.)

III. — *Le devoir.*

483. — L'idée du devoir, ses caractères, son fondement. (20 octobre 1870.)

484. — De l'obligation morale. En quoi elle consiste et ce qu'elle produit en nous. (10 août 1866 — 27 juillet 1872.)

485-403. — Préciser le sens scientifique du mot *loi*, et montrer ce qu'est la loi : 1° dans le monde physique ; 2° dans le monde moral. (11 août 1866.)

486-404. — Comment s'élève-t-on à l'idée de *loi* dans les sciences de la nature ? Qu'est-ce qu'une loi *physique* ? En quoi les lois physiques diffèrent-elles de la loi *morale* ? (5 mai 1869 — 26 juillet 1872.)

Voir les numéros 488 à 496.

CHAPITRE II

EXAMEN DES DOCTRINES QUI ALTÈRENT OU NIENT LE PRINCIPE DE LA LOI MORALE

487. — Définir les principes incomplets ou faux qui altèrent ou nient le principe de la loi morale. (30 novembre 1877.)

I. — *Les doctrines utilitaires.*

488. — Quelle différence y a-t-il entre le *plaisir* et l'*intérêt* ? Donner des exemples. (25 juillet 1874.)

489. — Faire voir qu'il n'y a pas de différences essentielles entre le plaisir et l'intérêt. (18 novembre 1875.)

490-50. — **Nature du plaisir. Son rôle dans la vie intellectuelle et morale.** (22 mars 1888.)

491. — De la morale utilitaire. (27 novembre 1880.)

492. — De l'*utile* et de l'*honnête*. En expliquer les différences. (18 août 1866 — 13 juillet 1875.)

493. — Caractères qui distinguent le principe du *devoir* du principe de l'*intérêt personnel*. (9 novembre 1869 — 30 juillet 1870 — 26 novembre 1883.)

494. — Quels sont les caractères essentiels à la loi morale? Quels sont ceux de ces caractères qui manquent le plus à la règle de l'intérêt personnel? (6 nov. 1867.)

495. — Distinguer le principe du *devoir* des règles de la *prudence* et des calculs de l'*intérêt*. (13 août 1867.)

496. — A supposer que l'*intérêt* bien entendu produise les mêmes résultats pratiques que le motif du devoir, est-il important de maintenir la distinction théorique entre ces deux motifs? (23 août 1869.)

II. — Les doctrines sentimentales.

407. — Expliquer et réfuter la doctrine qui fait reposer toute la morale sur le sentiment. (15 novembre 1866.)

498. — En quoi consiste la doctrine morale que l'on appelle du sentiment? Quels en sont les mérites et les défauts? En quoi diffère-t-elle de la doctrine utilitaire et de la doctrine du devoir? (24 août 1869.)

499. — Exposition et discussion du système qui fonde la morale sur la sympathie. (24 juillet 1884 — 25 octobre 1884.)

500. — Expliquer et apprécier la théorie qui fait de la sympathie le principe de la morale. (26 novembre 1875.)

501. — De la sympathie et du système de morale fondé sur ce principe. (14 juillet 1879.)

502. — **Qu'est-ce que le sentiment de l'honneur? Peut-il remplacer l'idée du devoir comme règle absolue et obligatoire de la conduite?** (20 juillet 1886.)

CHAPITRE III

LA RESPONSABILITÉ. — LE MÉRITE ET LE DÉMÉRITE.
LES SANCTIONS

I. — *La responsabilité.*

503. — De la responsabilité morale. En exposer le principe, les conditions et les conséquences. (7 août 1866 — 31 juillet 1869 — 2 avril 1884.)

504. — **De la responsabilité morale. Dire exactement quelles conditions elle suppose, dans quels cas elle s'accroît ou diminue** (26 octobre 1887.)

505. — **Quelles sont les conditions de la responsabilité morale?** (17 juillet 1882 — 28 novembre 1883 — 20 juillet 1885.)

506. — **De la responsabilité morale. Ses rapports et ses différences avec la responsabilité légale.** (25 mars 1885 — 11 juillet 1885.)

507. — Analyser l'idée et déterminer les conditions de la responsabilité morale. Donner des exemples. (20 mars 1879.)

508. — Quelles sont les conditions de l'*imputabilité* des actes moraux? (4 décembre 1876.)

509-209. — Y a-t-il des *degrés* dans la liberté morale? S'il y en a, en donner l'explication. (27 octobre 1882.)

II. — *Le mérite et le démérite.* — *La vertu.*

510. — Du mérite et du démérite. Définir ces deux notions. En établir les fondements et les conséquences. (24 juillet 1873.)

511. — De la vertu et des diverses espèces de vertus. (28 octobre 1874.)

512. — Est-il vrai de dire avec Platon que la vertu est la science du bien et que le vice en est l'ignorance ? (10 novembre 1873.)

513. — *Video meliora proboque, deteriora sequor.* (28 août 1867.)

514. — **Déterminer la part de la vérité et la part d'erreur qui se trouve dans cette proposition socratique** : « *Nul n'est méchant volontairement.* » (19 juillet 1886.)

515. — Est-il vrai, comme l'a pensé Aristote, que la vertu soit toujours un milieu entre deux extrêmes ? Signaler les faits moraux qui autorisent cette définition et ceux qui la contredisent. (26 novembre 1869.)

516. — Est-il vrai de dire avec Aristote que la vertu est un milieu entre deux extrêmes ? (14 novembre 1872.)

517. — Expliquer et discuter ces deux maximes d'Aristote : « La vertu est une habitude. » « La vertu est un milieu entre deux extrêmes. » (8 avril 1875.)

III. — *Les sanctions.*

518. — Des peines et des récompenses. Leurs différentes espèces. (5 novembre 1868.)

519. — Sanctions de la loi morale : les énumérer, les définir, appuyer chaque définition par un ou plusieurs exemples. (1ᵉʳ août 1870.)

520-705. — **La croyance à l'immortalité de l'âme enlève-t-elle à la vertu son désintéressement et son mérite ?** (19 novembre 1886.)

CHAPITRE IV

MORALE PRATIQUE

Les devoirs.

521. — Énumérer et classer les différentes *vertus* humaines en les faisant rentrer dans les divisions habituelles des devoirs en trois groupes, à savoir : les devoirs envers *nous-mêmes,* envers nos *semblables* et envers *Dieu.* (26 octobre 1877.)

522. — Qu'entend-on par devoirs *positifs* et devoirs *négatifs?* En donner des exemples. (13 juillet 1876.)

523. — Qu'entend-on par devoirs positifs et par devoirs négatifs? En donner des exemples, soit dans la morale individuelle, soit dans la morale sociale, soit dans la morale religieuse. (19 novembre 1868 — 11 avril 1877.)

524. — La formule célèbre des stoïciens : « *Abstine, sustine* », contient-elle toute la morale? (7 mai 1869 — 18 juillet 1883.)

525. — Du *conflit des devoirs.* D'après quel principe doit-on résoudre les difficultés qui naissent de ce conflit? Donner des exemples. (26 octobre 1874.)

526. — **Du conflit apparent ou réel de certains devoirs entre eux. Peut-il y avoir une véritable opposition entre deux devoirs, et comment peut-on la régler? Donner des exemples.** (7 juillet 1886.)

I. — *Devoirs envers soi-même : sagesse, courage, tempérance.*

527. — L'homme a-t-il des devoirs envers lui-même? (6 novembre 1868.)

528. — L'homme a-t-il, à parler exactement, des devoirs envers lui-même? (14 novembre 1871.)

529-561. — **Que vaut moralement cette excuse souvent alléguée : « Je ne fais de mal qu'à moi-même? »** (17 novembre 1888.)

530. — Les devoirs de la morale individuelle. A quelles vertus la pratique de ces devoirs donne-t-elle naissance ? (28 octobre 1880.)

531.— Quelle est l'importance en morale du γνῶθι σεαυτόν ? (13 mars 1883.)

532. — Du principe de la *dignité personnelle* considéré comme principe de tous les devoirs de l'homme envers lui-même. (19 août 1868.)

533. — Rapporter les devoirs de l'homme envers lui-même à ces deux vers de Juvénal :

Summum crede nefas animam præferre pudori
Et propter vitam vivendi perdere causas.

(25 mars 1873.)

534-560-570. — **Comment se fait-il que la morale défende de rendre le mal pour le mal, quand la justice veut qu'il soit fait à chacun selon ses œuvres ? Expliquer pourquoi la loi du talion est réprouvée et au nom de quel principe ?** (15 avril 1886.)

535. — Discuter la question du *suicide*. Réfuter les arguments par lesquels on a essayé de le justifier. (18 novembre 1870 — 5 décembre 1876.)

536. — Du suicide. Réfuter les arguments par lesquels on a cru pouvoir en soutenir la légitimité. (5 août 1871.)

537. — Quels sont les *moyens pratiques* par lesquels l'homme peut arriver à corriger son caractère et à gouverner ses passions ? (11 août 1869.)

538. Quels sont les moyens pratiques qui peuvent servir à notre perfectionnement moral ? (30 octobre 1879.)

CHAPITRE V

DEVOIRS ENVERS NOS SEMBLABLES : LE DROIT ET LA JUSTICE,
LA CHARITÉ

539. — Qu'est-ce que la morale sociale ? Quels en sont les principes et les règles essentielles ? (8 août 1871.)

I. — *Le droit et la justice.*

540. — Le droit et le devoir. (3 avril 1876 — 27 octobre 1881.)

541. — **Relation des deux idées de droit et de devoir.** (29 mars 1887.)

542. — De l'idée du droit. Ses caractères. Son origine. (20 juillet 1882.)

543. — **L'idée du juste peut-elle se ramener à celle de l'utilité sociale ?** (17 juillet 1885.)

544. — **Du droit en morale. Dans quel rapport sont entre elles, selon vous, les notions du droit et du devoir ? Donner des exemples. (21 nov. 1887.)**

545. — Qu'est-ce que le droit ? Comment le droit dérive-t-il de la liberté ? (15 novembre 1872.)

546. — De la différence du *droit* et du *devoir*. Est-ce le droit qui repose sur le devoir, ou le devoir qui repose sur le droit ? (7 novembre 1872.)

547. — Des rapports du devoir et du droit. Est-ce le droit qui est le fondement du devoir, ou le devoir qui est le fondement du droit ? (29 novembre 1875.)

548. — Est-il vrai, comme on l'a prétendu, que dans la morale tout devoir corresponde à un droit ? Donner des exemples à l'appui de l'opinion qui sera soutenue. (5 août 1869.)

549. — Le droit peut-il se régler sur le devoir ? Donner des exemples. (24 mars 1885.)

550. — En quel sens et dans quelles limites y a-t-il *corrélation* et *réciprocité* entre l'idée du droit et celle du devoir ? Donner des exemples. (28 novembre 1882.)

551. — En quel sens et dans quelles limites y a-t-il corrélation et réciprocité entre l'idée du droit et celle du devoir ? Qu'entend-on par droit naturel ? Donner des exemples. (27 octobre 1883.)

552. — Quelle différence y a-t-il entre le droit naturel et le droit positif ? Donner des exemples. (2 août 1872.)

II. — *La justice et la charité.*

553. — Distinguer les devoirs de justice des devoirs de charité. (12 novembre 1868 — 8 novembre 1871.)

554. — Faire voir que Cicéron a résumé tous les principes moraux dans cette formule tirée du *De Officiis* : *Primum ut ne cui noceatur, deinde ut communi utilitati inserviatur*. (16 novembre 1872.)

555. — En quoi consistaient les quatre vertus cardinales des anciens ? Cette classification embrasse-t-elle toute la moralité humaine ? (3 décembre 1870.)

556. — Des philosophes contemporains prétendent que *la charité est une fausse vertu, inutile et même funeste* ; car, sous prétexte de soulager les misères humaines, elle les perpétue en assurant l'existence d'individus qui, par leurs maladies et leurs vices, arrêtent le progrès de l'humanité. (24 juillet 1882.)

557. — Du dévouement. (1er avril 1876.)

558. — Définir par des analyses et des exemples la justice, l'équité, la probité, la charité, la vertu. (27 juillet 1874.)

559. — **Expliquer et développer par quelques exemples la maxime latine :** « *Summum jus, summa injuria.* » (23 juillet 1886.)

560-534-570. — **Comment se fait-il que la morale défende de rendre le mal, quand la justice veut qu'il soit fait à chacun selon ses œuvres ? Expliquer pourquoi la loi du talion est réprouvée, et au nom de quel principe.** (15 avril 1886.)

561-529. — **Que vaut moralement cette excuse souvent alléguée :** « Je ne fais de mal qu'à moi-même » ? (17 nov. 1888.)

CHAPITRE VI

DEVOIRS ENVERS LA FAMILLE

562. — **Quels sont les** *fondements* **et les** *limites* **du pouvoir paternel ?** (6 mars 1873.)

CHAPITRE VII

DEVOIRS ENVERS LA PATRIE

563. — **Définir chacune de ces expressions : Société, Etat, Patrie, Gouvernement. En montrer les rapports et les différences.** (23 octobre 1886.)

564. — **De l'origine de la société. Par quels arguments peut-on démontrer que l'origine de la société est un fait** *naturel* **et** *nécessaire*, **non un fait** *arbitraire* **et** *accidentel*, **comme on l'a quelquefois prétendu ?** (23 août 1867.)

565. — **Y a-t-il contradiction, comme l'a prétendu Rousseau, entre** *l'état de nature* **et** *l'état social* **?** (26 mars 1873.)

566. — **L'homme, en tant qu'homme, a des devoirs envers la société ; en tant que citoyen, il a des devoirs envers**

l'État. Marquer par une analyse précise la distinction qu'il convient d'établir entre ces deux sortes de devoirs. (24 novembre 1869 — 23 juillet 1883.)

567. — Quelle est la notion de l'État ? Quel est le rôle de l'État dans les sociétés humaines ? (21 juillet 1881.)

568. — Quels sont les droits respectifs de l'État et des individus dans la morale sociale ? (16 août 1869.)

569. — Du droit de punir et de son fondement. (15 novembre 1873.)

570-560-534. — **Comment se fait-il que la morale défende de rendre le mal pour le mal, quand la justice veut qu'il soit fait à chacun selon ses œuvres ? Expliquer pourquoi la loi du talion est réprouvée et au nom de quel principe. (15 avril 1886.)**

CHAPITRE VIII

DES RAPPORTS DE LA MORALE ET DE L'ÉCONOMIE POLITIQUE.
LE TRAVAIL — LE CAPITAL — LA PROPRIÉTÉ

571. — Du droit de propriété. Réfuter les objections dont il a été l'objet. (23 octobre 1873.)

572. — Du droit de propriété. Sur quoi est-il fondé ? Dans quel rapport est-il avec la personnalité humaine ? (13 novembre 1875.)

MÉTAPHYSIQUE

573. — **Quel est au juste l'objet de la métaphysique ? Comment en concevez-vous le plan et la méthode ? (7 juillet 1888.)**

574. — Notions principales de métaphysique générale. (13 août 1875.)

575. — Qu'est-ce que la métaphysique ? Montrer que la philosophie, comme la plupart des sciences, a un côté *spéculatif* et un côté *pratique*. Établir cette distinction par des exemples. (3 août 1869.)

576-14. — La métaphysique est-elle possible sans la psychologie ? (30 novembre 1878).

577. — **Que faut-il penser des doctrines qui nient la légitimité de la métaphysique ?** (23 juillet 1885.)

CHAPITRE PREMIER

DE LA VALEUR OBJECTIVE DE LA CONNAISSANCE

I. — *Certitude et probabilité.*

578. — Que doit-on entendre par les différentes expressions : certitude, doute, opinion, erreur, science ? En quoi consistent le pyrrhonisme, le dogmatisme, le probabilisme ? (4 août 1868.)

579. — **L'ignorance et l'erreur. Analyser ces deux états de l'esprit.** (12 juillet 1886.)

580. — Qu'entend-on par foi, doute, opinion, science, ignorance, erreur, probabilité, certitude ? (13 novembre 1869).

581. — De la *croyance* et de la *science.* Caractères et différences de ces deux états de l'esprit. (18 juillet 1876.)

582. — Quelle différence y a-t-il entre l'*opinion* et la *science* ? Citer des exemples. (18 mars 1874.)

583. — Définir la vérité, l'évidence et la certitude. (25 mars 1878.)

584. — Définir la certitude, la croyance et le doute. Dans quelles circonstances et avec le concours de quelles

facultés se produisent ces trois états de l'esprit ? (25 novembre 1882.)

585. — Définir la certitude, la croyance et le doute. Quels sont les facultés et les procédés qui donnent la certitude ? (15 juillet 1880.)

586. — Définir la certitude, la croyance et le doute. Donner des exemples. (24 novembre 1883.)

587. — Distinguer par des exemples et des analyses ces trois sortes d'évidence : l'évidence *sensible*, l'évidence *rationnelle* et l'évidence *morale*. (20 mars 1874).

588. — Y a-t-il d'autres certitudes que la certitude des sens et celle du *raisonnement* ? Quelles sont ces certitudes ? Quel en est le principe ? Quelles en sont les règles ? (18 juillet 1874.)

589-423. — De la certitude propre aux vérités de l'ordre *moral*. (10 novembre 1871.)

590-424. — En quoi diffère l'évidence *géométrique* de l'évidence *morale* ? (6 novembre 1873.)

591. — Convient-il d'établir une différence entre la certitude dite *métaphysique* et la certitude *morale* ? (31 mars 1884).

592. — Distinguer les principaux degrés de l'affirmation. Donner des exemples. (28 mars 1882.)

593. — De la *probabilité*. La distinguer de la certitude. Dans quel cas est-elle mesurable par le calcul ? (24 octobre 1874.)

594. — Qu'est-ce que la probabilité ? En quoi diffère-t-elle de la certitude ? Qu'appelle-t-on le probabilisme ? (3 août 1871.)

595. — De la nature et des degrés de la probabilité. (28 juillet 1876).

II. — *Criterium de la certitude.*

596. — Criterium de la certitude. Quels sont les différents principes auxquels on attribue le rôle de criterium ? (14 novembre 1867.)

597. — Qu'entend-on par criterium ? Quels sont les différents systèmes sur le criterium de la vérité ? (21 juillet 1875.)

598-336. — Du principe d'identité et de contradiction. Son rôle en logique. Est-il le criterium de la vérité ? (8 août 1874.)

599. — Qu'appelle-t-on en logique un criterium ? Quels sont les principaux criteria proposés par les diverses théories dogmatiques ? (9 juillet 1886.)

600. — Du consentement universel. Ses principales applications aux diverses questions philosophiques. Appréciation de la valeur de cet argument. (21 août 1867.)

601. — De l'argument tiré du consentement universel. En déterminer la valeur. (25 novembre 1876.)

602. — Quel est, en philosophie, l'autorité de ce qu'on appelle le sens commun ? (12 juillet 1884.)

603. — Du sens commun. Montrer que, s'il est des choses parfaitement démontrées qui sont au-dessus du sens commun, rien ne saurait lui être contraire. (2 août 1869.)

604. — Qu'appelait-on, dans la philosophie du XVIIᵉ siècle, le *sensorium commune* ? Quel est le rôle attribué à cette faculté dans la psychologie contemporaine ? (20 novembre 1871.)

605-784. — L'antiquité et la généralité des opinions doivent-elles servir de règles à notre raison dans les sciences physiques et mathématiques ? Quelle est sur ce point l'opinion de Pascal exposée dans les fragments de *l'Auto-rité en matière de philosophie* ? (25 août 1868.)

606-785. — De l'autorité en matière de philosophie. Exposer l'opinion de Pascal sur cette question. (13 novembre 1867.)

III. — *Dogmatisme, scepticisme, idéalisme.*

607. — Quelle différence doit-on faire entre le dogmatisme, le probabilisme et le scepticisme ? Donner des exemples historiques de ces trois états de l'esprit philosophique. (4 août 1875.)

608-175. **Expliquer ces paroles de Pascal : « Nier, croire et douter bien sont à l'homme ce que le courir est au cheval. » (20 novembre 1886.)**

609. — Qu'est-ce que le *scepticisme?* Portée philosophique de ce système. Principaux philosophes sceptiques de l'antiquité et des temps modernes. (17 mars 1879.)

610. — Du scepticisme. Des diverses sortes de scepticisme. (19 mars 1875.)

611. — Quelles ont été les différentes formes du scepticisme ancien et moderne ? (16 juillet 1880 — 16 mars 1883).

612. — Des différentes formes de scepticisme. Les énumérer, les classer, les réduire. (23 novembre 1872.)

613. — Définir le scepticisme. Classer les arguments sur lesquels il s'appuie et indiquer la méthode par laquelle on peut répondre à ces arguments (15 novembre 1873.)

614. — Quels sont les principaux arguments des sceptiques contre la légitimité de la science humaine, et que peut-on leur répondre ? (5 mars 1880.)

615. — Exposer et réfuter les objections du scepticisme contre la certitude de la connaissance humaine. (21 novembre 1868 — 27 novembre 1871.)

616. — Que peut-on répondre à l'argument sceptique tiré

de la *contradiction des opinions humaines?* (5 novembre 1869.)

617. — Discuter ce mot célèbre de Pascal : « *Vérité en deçà des Pyrénées, erreur au delà.* » (31 juillet 1874.)

618-476. — Réfuter le scepticisme *moral* fondé sur la diversité et la contradiction des mœurs, des opinions et des doctrines. (7 juillet 1883.)

619-768. — **Marquer la différence entre le doute considéré comme un état de l'esprit et le scepticisme considéré comme un système.** (19 juillet 1884 — 1er décembre 1885.)

620. — En quoi consiste ce que Fénelon appelle le *doute universel* du vrai philosophe ? Importance de ce doute pour la recherche de la vérité. Différence de ce doute et du doute absolu. (15 novembre 1869).

621-712. — **Malgré les analogies apparentes, qu'y a-t-il de profondément différent entre la sophistique et le pyrrhonisme ?** (10 juillet 1886.) (*Hors du programme de* 1885).

622. — Qu'est-ce que le *probabilisme*. En quoi se distingue-t-il du scepticisme? Quelles objections soulève cette doctrine ? (29 mars 1878.)

623. — Qu'entend-on aujourd'hui en philosophie par les mots de *subjectif* et d'*objectif?* Quels sont les problèmes liés à l'opposition de ces deux termes ? (8 avril 1876.)

624. — Qu'entend-on par le *principe de la relativité de la connaissance ?* En quel sens et dans quelle mesure ce principe est-il vrai ? (7 juillet 1884.)

625-217. — Quelles sont, dans l'intelligence, les idées et les principes irréductibles à l'expérience? Quelle en est la portée légitime ? Est-il vrai que ces idées et ces principes ne représentent que des lois formelles de la pensée, des conditions à la fois subjectives et nécessaires, subjectives parce qu'elles sont nécessaires? (9 juillet 1877.)

CHAPITRE II

IDÉALISME. — DE L'EXISTENCE DU MONDE EXTÉRIEUR

626. — De la réalité du monde extérieur. Discuter les objections dont elle a été l'objet. (19 août 1872.)

627. — Y a-t-il lieu de mettre en doute la réalité des choses extérieures ? Sur quoi a-t-on pu fonder un doute aussi extraordinaire et si contraire au sens commun ? (9 novembre 1872.)

628. — Sur quelles raisons s'est-on appuyé pour mettre en doute l'existence des corps ? (8 juillet 1884.)

629. — De l'existence des corps. Quelles sont les objections des sceptiques contre la réalité de cette existence, et que peut-on répondre à ces objections? (17 juillet 1876.)

630-90. — De la théorie des *idées images*. Discuter cette théorie. En indiquer les conséquences. (10 août 1874.)

631. — **Les perceptions externes ne sont-elles que des rêves bien liés, suivant l'expression de Leibniz ?** (13 juillet 1875 — 8 mars 1880 — 13 juillet 1886.)

632. — Sur quel fondement repose notre croyance à l'existence du monde extérieur ? (18 juillet 1877.)

633. — Sur quoi s'appuie notre croyance à l'existence du monde extérieur ? (5 décembre 1878.)

CHAPITRE III

DE LA NATURE EN GÉNÉRAL : DIVERSES CONCEPTIONS SUR LA MATIÈRE ET SUR LA VIE.

634. — **Est-on d'accord sur le sens du mot** *matière* ? **Quelles sont les différentes théories que vous connaissez sur la matière ?** (22 juillet 1885.)

635-772. — Tout peut-il se réduire, comme le voulait Descartes, à l'étendue et à la pensée ? (7 juillet 1879.)

636-796. — Exposer la théorie de Leibniz sur les monades. (9 juillet 1883.)

637. — Le principe de la vie est-il le même que le principe de la pensée ? Quelles raisons peut-on donner pour ou contre cette théorie ? (15 juillet 1878.)

CHAPITRE IV

I . — DE L'AME : MATÉRIALISME ET SPIRITUALISME

638. — Distinguer par leurs caractères essentiels l'âme et le corps. (2 août 1870.)

639-113. — **Est-il vrai, comme on l'a dit, que le moi ne soit qu'une** *collection* **de sensations ?** (26 novembre 1884. — 23 novembre 1885.)

640-114. — Que faut-il penser de cette proposition : « Le moi est une collection d'états de conscience ? » (8 juillet 1882.)

641-770 — **Commenter, à l'aide de Descartes, cette parole de Pascal : « Je puis bien concevoir un homme sans mains, pieds, tête, mais je ne puis concevoir l'homme sans pensée. »** (28 novembre 1885.)

642. — Commenter cette parole de Pascal : « Je puis bien concevoir un homme sans mains, pieds, tête, mais non sans pensée. » (29 mars 1882.)

643-103. — Analyser la notion de l'*identité* personnelle. Montrer comment elle se forme en nous et quelles conséquences elle comporte. (25 novembre 1881.)

644. — Prouver, par l'analyse des *conditions de la pensée* et de la *responsabilité*, que le principe des faits psychologiques doit être *un, simple et identique.* (26 mars 1874.)

645. — Démontrer l'unité et la simplicité du moi par l'analyse des opérations intellectuelles. (10 juillet 1878.)

646-123. — Expliquer et apprécier ce mot d'un philosophe : « On ne se souvient que de soi-même. » (22 novembre 1883.)

647-122. — **En quel sens est vrai ce mot de Royer-Collard : « On ne se souvient pas des choses, on ne se souvient que de soi-même » ?** (13 novembre 1873 — 17 juillet 1886.)

648. — Exposer et discuter les objections du matérialisme contre la distinction de l'âme et du corps. (22 novembre 1867.)

649. — La liberté morale peut-elle s'accorder avec le matérialisme ? (25 mars 1879.)

650. — Nature et destinée de l'âme. (27 octobre 1884.)

651-703. — De la nature de l'âme ; ses attributs, sa destinée. (16 juillet 1875 — 6 décembre 1877.)

II. — UNION DE L'AME ET DU CORPS

652-321. — De l'union de l'âme et du corps. (27 juillet 1876.)

653. — En quoi consiste la question si controversée des rapports du physique et du moral? (5 novembre 1863.)

654. — En quoi consiste la question des rapports de l'âme et du corps ? Que savez-vous des différentes solutions proposées sur cette question ? (29 novembre 1878.)

655. — Développer et, s'il y a lieu, critiquer cette définition de M. de Bonald: « L'homme est une intelligence servie par des organes. » (10 août 1860.)

656. — Expliquer et discuter cette définition célèbre : « L'homme est une intelligence servie par des organes. » (23 mars 1875.)

657-707. — Qu'est-ce que la théorie de l'harmonie préétablie dans la philosophie de Leibniz? (11 juillet 1882.)

CHAPITRE V

DIEU. — LA PROVIDENCE. — LE PROBLÈME DU MAL

I. — *Existence de Dieu.*

658. — Qu'appelle-t-on, dans les sciences philosophiques, la théodicée? Quelles questions contient-elle? Dans quel ordre ces questions doivent-elles être traitées? (10 mai 1870.)

659. — Des principaux rapports de la psychologie, de la logique et de la morale avec la théodicée. (6 août 1877.)

660. — Énumérer et classer les preuves de l'existence de Dieu. (27 novembre 1875 — 5 décembre 1877.)

661. — Exposer avec précision la preuve de l'existence de Dieu dite des *causes finales.* (17 août 1866 — 6 mai 1868.)

662. — Exposer et discuter l'argument des *causes finales* appliqué à l'existence de Dieu. (1er août 1874.)

663. — Les *causes secondes* suffisent-elles à expliquer l'origine et le développement du monde? (27 novembre 1884.)

664. — Expliquer comment il faut entendre cette parole de Bossuet : « La connaissance de nous-mêmes nous élève à la connaissance de Dieu. » (23 mars 1872.)

665. — Exposition des *preuves morales* de l'existence de Dieu. (12 août 1868.)

666. — Exposer et apprécier la preuve de l'existence de Dieu par le *consentement universel.* (9 juillet 1880.)

667. — Comment se forme et se développe dans l'esprit l'idée de Dieu? (26 novembre 1880.)

668-218.— Comment peut-on dire que l'idée de Dieu résume en elle tous les principes directeurs de l'entendement humain? (10 juillet 1882.)

669. — Que voulait dire Bossuet quand il écrivait ces paroles souvent citées : « Le parfait est le premier en soi et dans nos idées, et l'imparfait en toutes façons n'en est qu'une dégradation ? » (19 août 1872.)

II. — Attributs de Dieu,

670.— Par quelle méthode peut-on déterminer les attributs de Dieu ? Est-ce par la méthode *déductive*, ou par la méthode *inductive*, ou par les deux à la fois? Distinguer les attributs *métaphysiques* des attributs *moraux*. (11 août 1871.)

671. — En quoi consiste la distinction des attributs *métaphysiques* et des attributs *moraux* de Dieu? Se démontrent-ils les uns et les autres par la même méthode? (8 décembre 1880.)

672. — Sur quoi se fonde la distinction des attributs *métaphysiques* et des attributs *moraux* de la divinité ? (7 avril 1881.)

673. — Quelle est la meilleure méthode à suivre dans la détermination des attributs *moraux* de la divinité? (6 juillet 1878.)

674. — Qu'entend-on par attributs *moraux* de Dieu? Par quelle méthode peut-on les démontrer? (24 mars 1879.)

675. — Démontrer que les attributs *métaphysiques* de Dieu reposent tous sur l'idée de *l'infini*.(4 novembre 1874.)

676. — Prouver qu'il n'y a qu'*un* Dieu, et qu'il ne peut y en avoir plusieurs. (21 août 1869.)

677. — En quoi consistent le *panthéisme* et l'*athéisme*? Quels sont leurs rapports et leurs différences? (13 novembre 1874.)

678. — Qu'est-ce que le *panthéisme*? En réfuter les principes, en exposer les conséquences. (22 août 1870.)

III. — *Providence.* — *Le problème du mal.*

679. — De la providence divine. Comment se manifeste-t-elle dans la nature et dans l'histoire? (26 août 1867.)

680. — De la providence. Quelles sont les objections élevées contre la providence, et comment peut-on y répondre? (3 mai 1870.)

681. — La connaissance scientifique du monde diminue-t-elle ou augmente-t-elle notre admiration pour son auteur? (9 août 1867.)

682. — Expliquer et développer ce dilemme célèbre: « *Si Deus est, unde malum? si non est, unde bonum?* » (6 août 1871.)

683. — **Comment se pose le problème du mal? Présenter par ordre les principaux points du débat.** (19 mars 1888.)

684. — Expliquer et développer cette maxime scolastique: « *Malum habet causam deficientem, non efficientem.* » (24 juillet 1874.)

685. — Expliquer la distinction du *mal physique* et du *mal moral*, et la part de l'homme dans la production de l'un et de l'autre. (6 mars 1880. — 30 novembre 1880.)

686. — Qu'entend-on par le mal physique et par le mal moral? Répondre aux objections que l'on en a tirées contre la Providence. (16 novembre 1866.)

687. — Quelle différence fait-on en théodicée entre le mal physique et le mal moral? Réfuter les objections que l'on tire de l'un et de l'autre contre la providence. (20 novembre 1868 — 17 novembre 1871.)

688. — Définir avec précision le mal physique et le mal moral. Quelle est la part de l'homme dans la production de l'un et de l'autre? (11 août 1881.)

689. —De la *douleur*. Peut-on la concilier avec la providence divine ? (0 août 1870.)

690-54. — Exposer la doctrine de l'épreuve. Montrer combien la vie morale de l'homme serait incomplète sans la douleur, la peine et le travail. (30 octobre 1874.)

691-53. — Montrer le rôle et la part de la douleur dans l'éducation de l'intelligence et de la volonté. (30 mars 1878.)

692. — Qu'est-ce que l'*optimisme ?* Que savez-vous et que pensez-vous de ce système ? (11 juillet 1877.)

693.— Qu'est-ce que l'*optimisme?* Quelles sont les formes les plus célèbres de l'optimisme dans l'antiquité et dans les temps modernes ? (27 novembre 1879.)

694. — De l'*optimisme*. Du vrai et du faux optimisme. (2 avril 1873.)

695. — Du vrai et du faux *optimisme*. (7 août 1880.)

696. — Imaginer un dialogue entre un *optimiste* et un *pessimiste*. (23 juillet 1881.)

697. — Que savez-vous du *pessimisme?* Comment peut-on le réfuter? (27 novembre 1882.)

CHAPITRE VI

L'IMMORTALITÉ DE L'AME. — LA RELIGION NATURELLE

698. — Exposer les preuves de l'*immortalité* de l'âme. (27 octobre 1874.)

699. — Preuves de l'immortalité de l'âme. Distinguer l'argument *métaphysique* et l'argument *moral*. (28 novembre 1867.)

700. — Exposer la preuve métaphysique de l'immortalité de l'âme. Montrer comment cette preuve a besoin d'être complétée par la preuve morale. (19 août 1870 —

15 mars 1877 — 26 octobre 1883 — 21 novembre 1884.)

701. — Quelle différence y a-t-il entre l'immortalité de *substance* et l'immortalité *personnelle* ? (11 août 1873.)

702. — Prouver que la *destinée* de l'homme ne peut s'accomplir entièrement sur la terre. (6 août 1874.)

703-651. — De la nature de l'âme; ses attributs, sa destinée. (16 juillet 1875 — 6 décembre 1877.)

704. — Quelles conséquences philosophiques et morales peut-on tirer de ce vers de Lamartine sur l'homme :

> Borné dans sa nature, infini dans ses vœux ?
>
> (29 mars 1873.)

705-520. **La croyance à l'immortalité de l'âme enlève-t-elle à la vertu son désintéressement et son mérite ?** (19 novembre 1886.)

HISTOIRE DE LA PHILOSOPHIE

Définition du mot SYSTÈME. *Voir les n^{os}* 392, 393, 394.

706. — En quoi l'histoire de la philosophie peut-elle être utile à la philosophie elle-même ? (12 novembre 1866 — 14 août 1867.)

707. — Énumérer et classer les principaux *systèmes* philosophiques. (28 novembre 1877.)

708. — Quel est le caractère propre des différentes doctrines philosophiques que l'on désigne sous les noms de *spiritualisme, matérialisme, panthéisme, scepticisme, mysticisme* ? (6 avril 1876.)

709. — Qu'est-ce que le *panthéisme* ?] Quels sont les principaux représentants de ce système dans l'histoire de la philosophie ? (13 avril 1881).

710. — Qu'est-ce que le *mysticisme* ? Passer rapide-

ment en revue les principaux philosophes mystiques de l'antiquité, du moyen âge et des temps modernes. (19 mars 1879.)

711. — Qu'est-ce qu'un stoïcien, un épicurien, un pyr-rhonien, un platonicien, un péripatéticien, un néo-platonicien? (21 août 1868.)

712-621. — **Malgré les analogies apparentes, qu'y a-t-il de profondément différent entre la sophistique et le pyrrhonisme?** (10 juillet 1886.) *Hors du programme de 1885.*

PHILOSOPHIE ANCIENNE

SOCRATE

713. — Exposer la philosophie de Socrate. (23 novembre 1860.)

714. — De la méthode socratique et de ses deux principales formes: l'*ironie* et la *maïeutique*. (25 novembre 1872.)

715. Qu'est-ce que la *méthode socratique?* De quel usage peut-elle être encore aujourd'hui dans l'enseignement? (11 novembre 1868.)

716. — Montrer, par des exemples tirés des ouvrages philosophiques, la méthode de réfutation que Socrate opposait aux sophistes. (19 juillet 1876.)

717-2. — Expliquer et apprécier cette proposition de Socrate et de ses successeurs, qu'*il n'y a de science que du général.* (11 juillet 1878.)

718-769. — Comparer la docte ignorance de Socrate et le doute méthodique de Descartes. (23 juillet 1884.)

* 719. — Socrate d'après les *Mémoires* de Xénophon. (7 avril 1876.)

* 720. — Le Socrate de Xénophon est-il le vrai Socrate de l'histoire? (5 août 1875.)

PLATON

721. — Comparer Socrate et Platon. (26 juillet 1875.)

722. — La psychologie de Platon. (19 juillet 1884.)

723. — Que savez-vous de Platon? (10 août 1872.)

724. — Des idées de Platon. (3 décembre 1877.)

725. — Exposer dans leurs traits essentiels la morale et la politique de Platon. (10 juillet 1883.)

726. — Quelle différence y a-t-il entre l'ancienne et la nouvelle Académie? (13 août 1875.)

ARISTOTE

727. — Que savez-vous d'Aristote? (10 juillet 1879.)

728. — Platon et Aristote. (9 mars 1880.)

729. — Exposer et comparer dans leurs traits essentiels la morale de Platon et celle d'Aristote. (21 juillet 1882.)

730. — Quels sont les caractères principaux qui distinguent la philosophie d'Aristote de la philosophie de Platon? (9 avril 1875.)

731-759. — Comparer Aristote et Platon, Bacon et Descartes. (14 août 1869.)

732-1. — Que voulait dire Aristote en disant : « *Il n'y a pas de science du particulier* » ? Rapprocher cette formule de celle des philosophes scolastiques : « *Nulla est fluxorum scientia*. (7 août 1873.)

733. — Quel est le sens philosophique de ces paroles célèbres de Bossuet : « La perfection est la raison de l'être. » Montrer qu'elles résument la métaphysique de Platon et celle d'Aristote. (17 juillet 1879.)

ÉPICURÉISME

734. — Exposer la théorie des atomes dans la philosophie épicurienne. (31 mars 1873.)

735. — Exposer et réfuter le système des atomes. (20 novembre 1875.)

736. — Qu'appelle-t-on atome ? Exposer les théories atomiques dans l'école d'Épicure. (13 juillet 1880.)

737. — Comment la doctrine du plaisir a-t-elle pu amener Épicure à la théorie de la frugalité, du désintéressement et de l'immobilité? (20 novembre 1881.)

STOÏCISME

738. — Que savez-vous du stoïcisme? (6 août 1873.)

739. — Qu'est-ce que les stoïciens entendaient par les choses qui dépendent de nous et celles qui n'en dépendent pas? (18 juillet 1878.)

740. — Comparer et apprécier le stoïcisme et l'épicuréisme. (19 novembre 1866.)

741. — Sur quoi portait le débat entre les épicuriens et les stoïciens? (7 août 1868.)

742. — Comparer la doctrine des épicuriens et celle des stoïciens sur le *souverain bien*. (20 juillet 1875.)

743. — Quelles sont les écoles de philosophie désignées par ces noms : l'Académie, le Lycée, le Portique ? Caractères principaux de chacune de ces écoles. (7 novembre 1868 — 27 novembre 1872.)

* 744. — Quelles sont les principales règles de morale qu'on peut tirer des *Lettres* de Sénèque? (10 novembre 1874.)

* 745. — Citer quelques-unes des plus belles maximes du *Manuel* d'Épictète. (7 août 1875.)

* 746. — Mettre en lumière les plus belles maximes du *Manuel* d'Épictète. (25 juillet 1876.)

747. — Que savez-vous d'Épictète et de Marc-Aurèle ? 27 mars 1873.)

CICÉRON

748. — Du caractère de la philosophie de Cicéron. (9 décembre 1880.)

* **749.** — Quelle est la morale enseignée par Cicéron dans le traité *de Officiis?* Quels sont les arguments les plus décisifs qui démontrent la supériorité de cette morale sur celle d'Epicure? (25 mars 1872.)

* **750.** — Analyser sommairement le premier livre du traité de Cicéron *de Officiis.* (29 octobre 1877.)

* **751.** — Théorie de la justice exposée par Cicéron dans le premier livre du traité *de Officiis.* (7 août 1871 — 14 juillet 1876.)

* **752.** — Quelles sont les règles de la justice données par Cicéron dans le premier livre du *de Officiis ?* (6 décembre 1880.)

* **753.** — Montrer, d'après le *de Officiis*, que la bienfaisance elle-même a ses règles ; que la pratique de cette vertu exige beaucoup de précautions ; quelles sont ces précautions et ces règles ? (24 mars 1874.)

PHILOSOPHIE MODERNE

754. — Nommer les plus grands philosophes modernes en caractérisant brièvement leurs doctrines. (21 mars 1874.)

755. — Que connaissez-vous de la philosophie du dix-huitième siècle? (26 juillet 1879.)

756. — Quels sont les principaux philosophes du dix-huitième siècle en Angleterre et en Allemagne? (5 décembre 1879.)

BACON

757. — Que signifie cette maxime de Bacon : « *Veritas filia temporis, non auctoritatis* ? (18 novembre 1872 — 19 juillet 1877.)

758. — Bacon et Descartes. (6 août 1870.)

759-731. — Comparer Aristote et Platon, Bacon et Descartes. (14 août 1860.)

DESCARTES

760-361. — Expliquer par des exemples cette maxime de Descartes : « Ce n'est pas assez d'avoir l'esprit bon, mais le principal est de l'appliquer bien. » (12 novembre 1867.)

761. — La méthode de Descartes. (16 juillet 1883.)

762. — « Les lois de la logique, dit Leibniz, sont les règles du bon sens mises en ordre et par écrit. » Justifier cette maxime en l'appliquant aux règles de la méthode de Descartes. (13 avril 1884.)

763. — Exposer, en les expliquant, les quatre règles de la méthode données par Descartes. (9 août 1866.)

764-364. — Analyser les quatre règles de Descartes et les réduire à l'essentiel de la méthode qu'elles contiennent. (7 novembre 1874.)

* 765. — Quelles sont les maximes dans lesquelles consiste ce qu'on appelle la morale provisoire de Descartes? (22 novembre 1866.)

766. — En quoi le doute cartésien diffère-t-il de celui des sceptiques ? (8 avril 1881.)

767. — Qu'appelle-t-on doute méthodique dans la philosophie de Descartes, et en quoi se distingue-t-il du doute des sceptiques ? (8 août 1867.)

768-619. — **Marquer la différence entre le doute**

considéré comme un état de l'esprit et le scepticisme considéré comme un système. (19 juillet 1881 — 1er décembre 1885.)

769-718. — Comparer la docte ignorance de Socrate et le doute méthodique de Descartes. (23 juillet 1884.)

* 770. — Analyser la quatrième partie du *Discours de la Méthode*. (3 avril 1882.)

* 771. — Analyser la quatrième partie du *Discours de la Méthode* et en faire ressortir l'importance dans l'ensemble du système de Descartes. (3 août 1875.)

* 772. — Exposer les principaux points de la philosophie de Descartes d'après la quatrième partie du *Discours de la Méthode*. (22 novembre 1868.)

773. — **Comparer le « Connais-toi toi-même » de Socrate et le « Je pense, donc je suis » de Descartes.** (28 mars 1887.)

* 774. — Des raisons qui prouvent l'existence de Dieu, d'après la quatrième partie du *Discours de la Méthode*. (12 août 1867.)

775-635. — Tout peut-il se réduire, comme le voulait Descartes, à l'étendue et à la pensée ? (7 juillet 1879.)

* 776. — Analyser la quatrième partie du *Discours de la Méthode*. Descartes peut-il être considéré comme sceptique à l'égard du monde extérieur ? (24 mars 1879.)

777-110. — Descartes croyait que l'âme, étant une chose pensante, pense toujours. Quel est votre avis sur cette question ? (7 mai 1870.)

778-111. — Est-il vrai de dire avec Descartes que l'âme pense toujours ? (4 novembre 1873.)

779-641. — **Commenter, à l'aide de Descartes, cette parole de Pascal : « Je puis bien concevoir un homme sans mains, pieds, tête,..... mais je ne puis concevoir l'homme sans pensée. »** (28 novembre 1885.)

780. — Exposer la théorie cartésienne des animaux-machines et de l'automatisme des bêtes. Discuter cette hypothèse. (12 août 1869.)

781. — Exposer et discuter la théorie de Descartes sur l'âme des bêtes. (13 août 1870.)

782. — Exposer et discuter la théorie de Descartes sur l'automatisme des animaux. (29 mars 1884.)

PASCAL

* 783. — Des règles de la méthode d'après Descartes et Pascal. (3 décembre 1880.)

* 784-605. — L'antiquité et la généralité des opinions doivent-elles servir de règles à notre raison dans les sciences physiques et mathématiques ? — Quelle est sur ce point l'opinion de Pascal exposée dans les fragments de l'*Autorité en matière de philosophie* ? (25 août 1868).

* 785-606. — De l'autorité en matière de philosophie. Exposer l'opinion de Pascal sur cette question. (13 novembre 1867.)

* 786. — Qu'est-ce que Pascal loue et blâme dans Epictète et dans Montaigne, et comment résout-il lui-même le problème que ces deux philosophes n'ont pas résolu ? (21 juillet 1877.)

* 787. — Quelle est l'opinion de Pascal sur la philosophie de Montaigne, dans son *Entretien avec M. de Sacy* ? — Donner les raisons du goût de Pascal pour les *Essais* et de l'étude particulière qu'il en a faite. (7 décembre 1880.)

SPINOSA

788. — Qu'appelle-t-on le système du *panthéisme* ? Le caractériser rapidement par ses principaux traits. Que savez-vous de Spinosa ? (12 août 1875).

789. — Est-il vrai de dire que le spinosisme ne soit, selon le mot de Leibniz, qu'un cartésianisme immodéré ? (9 juillet 1884).

LOCKE

790. — Sur quels points Locke s'est-il séparé de Descartes et des cartésiens ? (1er avril 1882.)

791. — En quoi Condillac est-il disciple de Locke ? En quoi diffère-t-il de ce philosophe ? (26 juillet 1881).

792. — Que savez-vous de la philosophie de Condillac ? (22 novembre 1873.)

793-223. — Que savez de la théorie de la *sensation trans- formée* ? (19 juillet 1880.)

LEIBNIZ

794. — Exposer la philosophie de Leibniz. (12 avril 1881.)

795. — Que savez-vous de la philosophie de Leibniz ? Qu'est-ce que les monades, l'harmonie préétablie, l'opti- misme ? Qu'a-t-il ajouté à la philosophie de Descartes ? (28 mars 1878 — 30 mars 1882.)

796-636. — Exposer la théorie de Leibniz sur les mo- nades. (9 juillet 1883.)

797-657. — Qu'est-ce que la théorie de l'harmonie préé- tablie dans la philosophie de Leibniz ? (11 juillet 1882).

KANT

798. — On sait que le grand philosophe Kant a intitulé ses deux principaux ouvrages « Critique de la raison pure » et « Critique de la raison pratique ». Expliquez le sens qu'il a entendu attacher à ce mot : critique. Expliquer le sens de chacune de ces deux autres expressions : raison pure et raison pratique. (18 novembre 1886).

DISSERTATIONS

DES QUESTIONS QUI ONT DISPARU DU PROGRAMME

———

799. — Résumer l'histoire de la philosophie avant Socrate. (7 août 1874.)

800. — Qu'appelle-t-on les sophistes dans l'histoire de la philosophie grecque ? Exposer leurs idées et décrire leur rôle d'après les ouvrages philosophiques inscrits au programme. (17 novembre 1873).

801. — Caractériser le genre de scepticisme propre aux sophistes grecs. En quoi il diffère du pyrrhonisme. (16 juillet 1877.)

802. — Définir l'ironie socratique. En donner des exemples d'après les *Mémoires* de Xénophon et d'après Platon dans le *Gorgias*. (11 novembre 1869).

803. — Quelles sont, suivant Platon, d'après le *Gorgias*, les règles de la vraie rhétorique, et quel usage en doit-on faire ? (1er août 1869.)

804. — Théorie de l'expiation d'après le *Gorgias* de Platon. (28 novembre 1872.)

805. — Expliquer et prouver cette maxime du Gorgias : « Κρεῖττον ἀδικεῖσθαι ἢ ἀδικεῖν. » (18 mars 1875.)

806. — Le discours de Calliclès dans le *Gorgias* et la réfutation de ce discours par Socrate. (12 novembre 1874.)

807. — Quelle est la valeur de l'objection de Simmias et de Cébès dans le *Phédon*, quand ils disent que l'âme est au

corps ce que l'harmonie est à la lyre ? Comment Socrate
répond-il à cette objection ? (14 juillet 1877.)

808. — Quels sont les arguments développés dans le *Phédon* en faveur de l'âme ? (10 juillet 1880).

809. — Quelles sont les quatre formes de la connaissance distinguées par Platon dans le septième livre de la
République ? Quelle est l'importance de cette distinction ?
(20 juillet 1880.)

810. — Définir le mysticisme par quelques éléments empruntés à l'école d'Alexandrie. (25 juillet 1881.)

811. — Comment finit la philosophie ancienne ? Quelles
sont les écoles les plus célèbres de la dernière période ?
Que savez-vous de la philosophie alexandrine ? (12 août
1874.)

812. — Rappeler les différents cas de conscience exposés
dans le troisième livre du *de Officiis* de Cicéron avec la solution qu'il en a donnée. (23 novembre 1867 — 20 août
1870.)

813. — Analyser avec exactitude le second livre du *de
Finibus bonorum et malorum.* (29 novembre 1877.)

814. — Résumer et discuter la doctrine exposée par Phi-
lus dans le IIIᵉ livre de la *République* de Cicéron, à savoir
que la loi seule constitue le droit et qu'il n'y a pas de
droit naturel. (29 novembre 1869.)

815. — Analyse du *Songe de Scipion.* (26 août 1869.)

816. — Montrer par des exemples en quoi consistaient
les trois théories qui ont agité les écoles du moyen âge :
le réalisme, le nominalisme et le conceptualisme. (24 novembre 1884.)

817. — La philosophie de la Renaissance ; ses caractères et les principaux noms qui la représentent. (26 novembre 1881.)

818. — Comparer la première méditation de Descartes

avec la partie correspondante du *Discours de la Méthode* (20 mars 1885.)

819. — Montrer par quelques exemples l'influence de la philosophie cartésienne dans la *Logique de Port-Royal.* (1er août 1868.)

820. — Relever les traces de l'esprit cartésien dans la *Logique de Port-Royal.* (19 juillet 1870.)

821. — Analyse critique de la division des quatre opérations de l'esprit que suppose la division de la *Logique de Port-Royal* : concevoir, juger, raisonner, ordonner. Cette théorie psychologique est-elle exacte? Est-elle irréductible? (17 août 1867.)

822. — Expliquer et apprécier la théorie des opérations de l'esprit telle qu'elle est exposée dans la *Logique de Port-Royal.* (1er avril 1878.)

823. — Analyser le chapitre de Port-Royal intitulé : *Des sophismes que l'on commet dans la vie civile.* (25 août 1870.)

824. — Du rôle du verbe dans l'analyse de la proposition, d'après Port-Royal. (13 août 1868.)

825. — Qu'est-ce que la conversion des propositions dans la *Logique de Port-Royal?* (13 août 1874.)

826. — Marquer par des exemples la différence des propositions simples, complexes, composées, d'après la *Logique de Port-Royal.* (11 novembre 1874.)

827. — Des abus du syllogisme. Quelles sont les critiques de Descartes et de la *Logique de Port-Royal* contre cette forme de raisonnement. (15 novembre 1875.)

828. — Définir le raisonnement et la démonstration. Distinguer les différentes espèces de démonstration. Résumer ce qui est dit de la méthode des géomètres dans la quatrième partie de la *Logique de Port-Royal.* (15 mars 1879.)

829. — Comparer les preuves de l'existence de Dieu

dans le *Discours de la Méthode* et celles qui sont exposées dans le *Traité de la connaissance de Dieu et de soi-même*. Faire voir les analogies et les différences de ces deux démonstrations. (24 novembre 1873.)

830. — Quelle est la démonstration de l'existence de Dieu exposée dans le *Traité de la connaissance de Dieu et de soi-même*? (13 novembre 1866.)

831. — Quelles sont les preuves de l'existence de Dieu exposées par Bossuet dans le quatrième chapitre de *La connaissance de Dieu et de soi-même*? (26 novembre 1872.)

832. — Pourquoi Bossuet part-il de l'homme pour s'élever à la connaissance de Dieu et ne suit-il pas la méthode inverse? (27 juillet 1875.)

833. — Psychologie de Bossuet. (1er décembre 1875.)

834. — Des passions, d'après le premier chapitre du *Traité de la connaissance de Dieu et de soi-même* de Bossuet. (18 novembre 1868.)

835. — De la théorie des opérations intellectuelles, suivant Bossuet, dans le *Traité de la connaissance de Dieu et de soi-même*. (7 mai 1868.)

836. — Quel est le sens de cette proposition, développée dans le *Traité de la connaissance de Dieu et de soi-même*, à savoir que « l'image de Dieu s'achève en l'âme par une volonté droite »? (12 novembre 1872.)

837. — Apprécier la théorie psychologique de Bossuet, qui classe la volonté parmi les opérations intellectuelles. (10 août 1867.)

838. — Exposer le chapitre de Bossuet, dans *La connaissance de Dieu et de soi-même*, sur la différence de l'homme et de l'animal. (19 août 1867.)

839. — Quelles sont les principales preuves par lesquelles Bossuet et Fénelon démontrent l'existence de Dieu? (9 août 1880.)

840. — En quoi consiste la réponse de Fénelon aux objections des épicuriens, dans la première partie du *Traité de l'existence de Dieu?* (17 novembre 1866.)

841. — Comparer avec le *Discours de la méthode* la seconde partie du *Traité de l'existence de Dieu* de Fénelon. (29 novembre 1876.)

842. — En quoi consiste le doute méthodique de Fénelon? Importance de ce doute pour la recherche de la vérité. (17 novembre 1874.)

843. — Résumer les arguments opposés par Leibniz aux objections contre la Providence tirées du mal moral. (24 juillet 1876.)

SUJETS TRAITÉS

38. — *De l'expérimentation en psychologie* (26 mars 1887).

PLAN

1° Le procédé de l'expérimentation peut être défini en général une « *Observation provoquée* » (Cl. Bernard). C'est le procédé par excellence des sciences physiques et naturelles et le plus fécond de ceux qu'emploie la méthode de ces sciences ; mais la psychologie s'en sert aussi, parce que, si elle n'est pas exclusivement une science de faits, elle doit indispensablement prendre comme point de départ et comme texte perpétuel de développement les phénomènes de l'âme.

2° L'expérimentation sera diversement appliquée en psychologie selon que l'on emploiera l'une ou l'autre des méthodes qui président à ses recherches : méthode *subjective* (étude du moi par la conscience), méthode *objective* (observation extérieure des autres hommes.)

A. *Expérimentation dans la méthode subjective.* — Le procédé qui consiste à isoler les phénomènes psychologiques, à en modifier les circonstances, à en faire varier les aspects, etc., n'est certes pas sans difficultés ; mais il n'est pas pour cela impossible. Quiconque a acquis une certaine habitude de la méditation intérieure et possède déjà une connaissance assez exacte et complète de la nature des faits psychiques, des circonstances et des causes de leur production, pourra se placer artificiellement dans les conditions où il sait que les phénomènes apparaissent d'ordinaire ; il pourra faire des raisonnements pour en étudier les lois ; exercer ses sens de différentes manières pour connaître le détail et toutes les particularités des perceptions qu'ils sont susceptibles de lui donner ; se mettre idéalement, par l'imagination, dans la situation d'un homme qui éprouve telle sensation, etc. : c'est ce que font les savants, les philosophes, les romanciers, les dramaturges, les critiques d'art..., etc. — L'expérimentation étend ainsi singulièrement le terrain, d'exploration, de la science de l'âme.

B. — *Expérimentation dans la méthode objective.* — On peut de même faire naître dans les autres hommes la colère ; exciter leurs passions ; contribuer, pour une bonne part, à la formation d'une âme et d'un caractère par l'éducation ; provoquer artificiellement des crises psychologiques morbides (hypnotisme) pour en étudier à loisir les manifestations et les effets, etc. Une science nouvelle et non encore définitivement constituée, la *psychophysique*, prétend même arriver à des résultats absolument rigoureux et mathématiques en expérimentant sur des phénomènes mixtes et limitrophes participant à la fois de la physiologie et de la psychologie, comme la sensation ; ses expériences intéressantes révèlent des faits importants, mais auxquels on ne saurait attribuer la portée absolue des lois mathématiques, comme les psychophysiciens en ont l'ambition ; on ne peut, en effet, appliquer le calcul à la psychologie, parce que les phénomènes de l'âme sont seulement discernables par leurs qualités. — Toutes ces expériences objectives apportent un contingent d'informations précieuses à ajouter aux résultats de la méthode subjective ; mais il ne faut pas oublier que tous les phénomènes que ces expériences nous font connaître doivent être interprétés par ceux que nous fournit la méthode subjective.

3° *Conclusion.* — Ici, comme partout, l'expérimentation est un auxiliaire précieux de l'observation, et grâce à elle le domaine des faits à connaître est considérablement agrandi.

E. G. D.

Licencié ès lettres, professeur de philosophie.

68. — *Est-il vrai que toutes nos actions aient pour unique mobile l'amour de soi ?* (28 novembre 1888.)

DÉVELOPPEMENT

Est-il vrai, ainsi que l'a soutenu La Rochefoucauld, que l'homme ne poursuit dans ses pensées et dans ses actes que son intérêt personnel et qu'il rapporte tout à l'amour de soi ? ou bien ne faut-il voir dans la morale de l'intérêt que des cas exceptionnels, et constater, au contraire, que le plus souvent nous ne faisons qu'obéir aux impulsions de notre nature, qui nous pousse à faire le bien lors même qu'il n'en résulte pour nous que des avantages douteux ?

Doué d'intelligence et d'activité, l'homme sent le besoin continuel d'agir et d'utiliser ses facultés : c'est un besoin impérieux de sa nature et il n'est personne qui cherche à s'y soustraire. Le premier secours, et celui sur lequel il a le plus droit de compter, est sans contredit celui qu'il tire de sa propre activité; il connaît mieux ses besoins que qui que ce soit et il se sent tenu de ne rien négliger pour remplir son devoir. Est-ce à dire qu'il ne pense qu'à lui-même, qu'il ne voit que ses propres intérêts et que tous ses actes dénotent l'égoïsme et l'oubli des intérêts d'autrui? L'affirmer serait aller contre l'évidence même et nier tous les généreux et nobles instincts dont nous a doués la Providence pour nous porter un mutuel secours.

Ceux qui soutiennent ce système semblent mal interpréter les préceptes de la morale, et ne pas comprendre suffisamment que si nous avons des devoirs à remplir envers nos semblables, nous en avons de tout aussi légitimes et de tout aussi impérieux envers nous-mêmes. De quel droit confier aux autres le soin d'édifier notre avenir, de travailler pour nous, de se sacrifier sans cesse, au lieu d'utiliser nous-mêmes nos forces physiques et intellectuelles pour nous créer dans la société une place indépendante et éviter ainsi d'être à charge à autrui? Ce n'est point là nuire à nos semblables ni oublier ce que nous leur devons; c'est remplir au contraire un devoir de dignité et répondre au but pour lequel nous sommes créés.

Mais, à côté de ces devoirs personnels, voyons si l'homme oublie et néglige si facilement ceux qu'il se sent tenu d'accomplir à l'égard des autres.

Que deviennent les mots de sacrifice, de dévouement, de générosité, qui existent dans toutes les langues parce qu'ils répondent aux sentiments que nous éprouvons? Nous prenons part aux douleurs, nous nous associons continuellement aux joies d'autrui. Notre vie se compose non seulement de ce que nous ressentons d'agréable ou de pénible pour nous-mêmes, mais encore de tous les sentiments de joie, de pitié, de compassion qui naissent en notre âme à la vue du bonheur ou du malheur de nos semblables.

Les parents souffrent des douleurs de leurs enfants, jouissent de tout ce qu'ils éprouvent de bonheur, multiplient pour eux les sacrifices, sans compter avec leur santé, leurs forces et leur tranquillité. Ils ne demandent rien en échange que le bonheur de ceux qu'ils aiment.

Les devoirs de l'amitié auraient-ils quelque chose de respectable, si nous n'assistions nos amis qu'en jetant une arrière-pensée sur nous-mêmes, et en calculant les avantages qui pourraient nous en revenir? Ce ne serait plus l'amitié, mais une habile spéculation qui ôterait à nos actes toute leur beauté, toute leur moralité.

Pourquoi proposerait-on à notre admiration ces grands hommes de tous les pays et de toutes les époques dont nous aimons à nous retracer l'exemple? S'il nous attachent par un sentiment d'amour et de respect, c'est parce que nous sommes convaincus de leur abnégation et qu'ils n'ont eu en vue que l'intérêt de l'humanité.

Le missionnaire qui va, au péril de sa vie, enseigner les préceptes de la morale chrétienne, ne pense nullement à lui-même ; il voit plus haut, il n'a en vue que le bien, et s'y consacre tout entier.

L'explorateur qui découvre de nouveaux mondes songe rarement à tirer des avantages personnels de ses découvertes, et nous savons que Christophe Colomb n'en recueillit que des persécutions.

Le savant qui consacre ses veilles à la recherche de vérités nouvelles ne se propose qu'un but, celui d'améliorer le sort et la condition des autres hommes.

Ne serait-il pas plus vrai de dire que l'homme songe tout autant aux intérêts d'autrui qu'à sa propre satisfaction? Du reste il semble que la Providence nous a créés de telle sorte que nous n'éprouvons de vrais plaisirs, de véritable satisfaction de nos actes, que lorsque nous pouvons les partager avec ceux auxquels ils profitent.

Combien d'existences modestes qui s'oubliant elles-mêmes se passent tout entières au service de l'humanité? Que serait une société dans laquelle chacun ne penserait qu'à soi, ne s'occuperait que de ce qui peut lui être utile et se désintéresserait de tout ce qui ne va pas au delà de soi-même?

Quand nous apprenons une catastrophe qui a fait de nombreuses victimes, ne sentons-nous pas je ne sais quelle oppression qui nous serre le cœur, ne venons-nous pas en aide dans la limite de nos ressources à tous ceux que nous savons malheureux, lors même qu'ils nous sont inconnus? Ces exemples prouvent qu'il y a dans notre cœur autre chose que des sentiments égoïstes ; qu'il y a l'amour du prochain et le désir du sacrifice. Qu'est-ce que la philanthropie, sinon le mouvement qui nous porte à nous occuper des intérêts d'autrui, avec plus de passion et plus d'ardeur que si notre propre bonheur était en jeu?

Le dévouement, la piété filiale ne sont pas des mots vides de sens, et ils répondent à des sentiments véritables, que la nature a mis en nous pour établir entre tous les membres de l'humanité ce lien étroit qui fait la force et le charme de la société.

Il est utile, il est nécessaire toutefois que nous songions à nous-mêmes, que nous ne nous reposions pas exclusivement de ce soin sur les autres; ce serait leur imposer une tâche injuste et nous soustraire à une partie de nos devoirs. Mais oublier, négliger nos semblables serait aller contre le but de la Providence, qui nous a créés pour nous prêter un mutuel appui, et c'est ce qui a lieu.

S'il existe des créatures dont les actes n'ont pour but que la personnalité, ce sont des âmes dégénérées qui font exception dans la société, et que nous jugeons comme des êtres inférieurs, qui semblent ne plus faire partie de la grande famille humaine.

Un précepte de la morale nous dit : Aimez-vous les uns les autres, mettez en commun vos peines et vos plaisirs. — Ce précepte, non seulement nous l'observons sans peine, mais nous y trouvons souvent une satisfaction réelle qui prouve la noblesse et la bonté de notre nature, et qui est la condamnation du système de ceux qui prétendent que l'homme rapporte tout à soi, et reste indifférent au bonheur comme au malheur de ses semblables.

J. M., agrégé de philosophie, docteur ès lettres.

106. — *Comment acquérons-nous l'idée de cause ? — Montrer sommairement les principales applications que nous faisons de cette idée, soit dans la science pure soit dans la morale.* (22 novembre 1886.)

PLAN

I. 1° Lorsque, par la conscience, j'observe ce qui se passe en moi, j'attribue immédiatement tous les phénomènes ainsi aperçus, souvenirs, représentations, imaginations, sentiments, raisonnements, volitions... etc., à une réalité active, c'est-à-dire à une cause qui produit tous ces actes : je ne connais pas *des* phénomènes quelconques se manifestant dans *une* conscience, mais *mes* phénomènes aperçus par *ma* conscience. L'âme se perçoit donc elle-même comme une activité, « vis sui conscia, sui potens, sui motrix » (Leibniz).

2° Il semble alors que ce soit par la conscience que nous acquérons l'idée de cause. Cependant, parmi les notions que nous fournit une autre faculté, la raison, nous trouvons celle de cause ; comme toutes les notions rationnelles, elle est nécessaire, universelle, *a priori*, c'est-à-dire antérieure à l'expérience; dès lors, bien qu'elle apparaisse parmi les données de conscience, elle ne peut être donnée *primitivement* dans la conscience. C'est en effet la raison qui en est l'origine; mais elle y est à l'état de virtualité ou prédisposition intellectuelle, et elle ne devient actuelle et réelle que lorsqu'elle s'applique à l'expérience ; c'est dans la conscience, et à l'égard du moi, que s'en fait, pour la première fois, l'application concrète et vivante.

II. Cette notion a un rôle extrêmement important dans les diverses sciences. — A. Les sciences physiques recherchent constamment les rapports de causalité qui existent entre les phénomènes ; les phénomènes du monde extérieur seraient pour nous un chaos inintelligible, s'ils n'étaient connus qu'isolément et si l'esprit n'y découvrait, au fur et à mesure des progrès accomplis, des rapports généraux de causalité. C'est dans ce sens que Bacon a dit « vere scire per causas scire ». — B. Mais les sciences de la nature ne s'occupent que des causes secondes, c'est-à-dire plutôt des conditions d'enchaînement des phénomènes : les véritables causes sont les causes premières, c'est-à-dire des activités spontanées dont les actes ne consistent pas seulement dans des mouvements d'abord reçus puis transmis, mais qui puisent en elles-mêmes les effets produits. Or, en laissant de côté la cause première suprême, qui est Dieu même, nous trouvons l'étude des causes libres humaines, dans les sciences morales en général, et spécialement dans la Morale proprement dite. La loi morale, en effet, qui commande en impératif catégorique (Kant), ne peut s'adresser qu'à des volontés libres, c'est-à-dire à des causes pouvant se déterminer par soi à l'action.

Conclusion. — La connaissance humaine est dominée tout entière par la notion de cause : le monde, avec l'ordre et l'harmonie qui y règnent, est conçu comme l'œuvre d'une cause infiniment puissante et sage, et au sommet du magnifique édifice des vérités morales, nous trouvons cette même cause, législateur suprême des volontés libres.   E. G. D.

129. — *L'association des idées est-elle une faculté? Montrez-en la nature et l'importance en psychologie.* (17 novembre 1887.)

DÉVELOPPEMENT

Parmi les nombreux phénomènes de la vie psychologique qui se succèdent avec leur infinie variété devant le regard de la conscience, il en est un qui dès longtemps a frappé l'attention des psychologues, et qui est particulièrement intéressant, d'abord parce qu'il se reproduit très fréquemment, ensuite parce que, à cause même de sa fréquente répétition, il a été considéré par une certaine doctrine comme la loi dominante de la vie psychologique : il s'agit de l'association des idées. — Ce ne sont pas seulement, en effet, comme le remarque très justement Reid (*Essais*, liv. VI) nos idées qui sont soumises à cette loi de continuité et de solidarité réciproque, mais tous les faits psychiques sans distinction, sensations, sentiments, volitions, désirs, jugements... etc ; il n'est pas un de ces « événements » de l'âme, comme dit M. Taine, qui apparaisse sans avoir des attaches à la fois avec un plus ou moins grand nombre d'autres événements. Tout se tient dans l'ordre de la pensée comme dans le monde des corps, il n'y a nulle part de solution de continuité, et la formule si souvent reproduite de Leibniz : *natura non facit saltus*, se vérifie partout et toujours, en psychologie, comme dans les sciences de la nature. Le développement de la vie psychologique pourrait être comparé, non à une chaîne continue, car les phénomènes ne se succèdent pas ici selon une série linéaire, mais à un tissu extrêmement compliqué, dont les fils se mêlent et s'enchevêtrent avec une confusion apparente, mais en réalité d'après des combinaisons savantes et ordonnées.

L'empirisme anglais, depuis le XVIIIe siècle et notamment depuis l'apparition des doctrines de Hartley et de Hume, remarquant la fréquence de l'association dans la vie psychologique, crut trouver dans ce phénomène la loi universelle suffisant à tout expliquer, à résoudre toutes les énigmes ; d'après cette doctrine, *tous* les phénomènes sans exception ne sont que des formes diverses, des cas particuliers, des combinaisons variées de l'association, aussi bien le sentiment du moi que la perception extérieure, l'imagination que la raison. L'association jouerait dès lors dans la conscience le même rôle que le déterminisme rigoureux de la causalité et l'attraction dans le monde des corps ; ainsi s'expliquerait le groupement des événements psychologiques qui par leur réunion forment l'âme. Ainsi conçue, l'association n'est pas une faculté, elle n'est que la loi de liaison constante, sous diverses formes et dans différentes circonstances, entre les phénomènes. — Est-ce ainsi qu'il faut concevoir l'association, ou ne pouvons-nous nous faire une autre idée de sa nature et de son rôle dans la vie de l'âme ?

Nous proposerons tout d'abord cette difficulté à l'empirisme associationniste. Comment expliquer la naissance et l'apparition des phénomènes psychiques, pris individuellement, avant leur groupement par l'association ? d'où sortent-ils, comment sont-ils produits ? Nous comprenons bien qu'ils puissent être engendrés par l'activité d'un esprit qui, s'exerçant dans diverses circonstances manifeste diversement cette activité ; mais nous ne voyons guère le moyen de concevoir ces phénomènes surgissant du néant par une sorte de génération spontanée ; ce serait transformer les faits de la pensée en autant d'êtres se donnant à eux-mêmes l'existence, tandis que nous ne les concevons vraiment, en dernière analyse, que comme des abstractions, c'est-à-dire les manières d'être d'un esprit.

La seconde objection à faire est celle-ci : les phénomènes une fois produits, nous dit-on, se groupent ; mais ils ne peuvent le faire que s'ils ont chacun une activité propre, ce qu'il est impossible d'accorder ; ils ne peuvent en effet se réunir, aller en quelque manière à la rencontre les uns des autres, puisqu'ils ne sont que des abstractions, ainsi que nous venons de le voir. — Il ressort de ces deux objections que deux phénomènes psychologiques ne peuvent ni naître d'eux-mêmes, ni s'associer d'eux-mêmes : il faudrait donc concevoir l'association, non pas comme l'ensemble des rapports de contiguïté, de ressemblance, etc., entre les phénomènes, résultant de leurs diverses formes de groupement (et c'est là la thèse que soutient l'associationnisme) ; mais à la façon d'une loi ayant une existence et une valeur supraphénoménale, nécessaire pour grouper et réunir entre eux les faits de conscience, et agissant sur eux avec une autorité supérieure. Voyons ce que nous devons penser de cette seconde manière de concevoir l'association.

S'il est établi que les faits de conscience, comme nous l'avons marqué plus haut, sont de pures abstractions, il n'est pas moins certain que nous pouvons dire la même chose de l'association :

en y regardant de près, l'association n'est qu'un fait, comme tous
les autres, dans la pensée, et fût-elle encore une loi, elle ne s'expliquerait pas par elle-même, nous la concevrions seulement
(ainsi qu'on doit faire de toute loi), comme un certain rapport
constant pensé et établi par un esprit. A cette condition seulement
nous reconnaîtrons que l'association peut avoir sur les faits psychiques une certaine action et une certaine autorité ; l'esprit pro-
duirait alors par son activité propre les faits de conscience avec
leur infinie variété, et il associerait, en vertu de cette même activité, qui s'exercerait par là sous une forme spéciale, les faits auxquels il aurait donné naissance. Dans cette nouvelle solution
donnée au problème, l'association est considérée comme une *faculté*, c'est-à-dire comme un des pouvoirs actifs de l'âme, et nous
ne voyons guère qu'on puisse s'en faire une autre idée. Qu'il soit
question de l'association proprement dite, c'est-à-dire sous sa forme spontanée et irréfléchie, apercevant entre les phénomènes
des rapports tout accidentels ou fortuits ; ou de la liaison, c'est-à-
dire de l'association réfléchie et intentionnelle, cherchant à établir
entre les faits de conscience des rapports rationnels ; — dans ces
deux cas, l'activité de l'esprit est l'indispensable principe qui explique les divers modes de liaison.

Il semble donc, pour quiconque analyse scrupuleusement les
faits, et sait les voir comme ils sont sous toutes leurs faces, en se
dégageant des entraves de l'esprit de système, que l'association est bien une faculté, et une opération de l'esprit. Sa nature
étant ainsi déterminée, il reste à examiner à quelles proportions
doit être réduite son influence dans la vie psychologique. Il est
clair qu'elle ne peut plus prétendre à la place prédominante, à
la souveraineté imprescriptible et absolue que lui attribue l'empirisme : il y a en effet d'autres facultés dans l'âme
avec leur portée et leur domaine propres, leur existence à part,
et elle devra se contenter d'une sphère d'action restreinte ; mais,
si elle n'a plus droit de se considérer comme le factotum, et pour
ainsi dire comme le Maître Jacques de la vie psychologique, propre à toutes les fonctions, et faisant indistinctement toutes les be-
sognes, il lui reste un rôle encore assez considérable, tout en
étant nécessairement secondaire. Indiquons d'un mot quelques-uns
des services, les plus importants, qu'elle rend aux autres facultés.

Et d'abord, elle est un auxiliaire utile à la perception
extérieure : en effet, outre les perceptions propres, pri-

mitives et spéciales que nous fournit chacun de nos
sens, il y a des perceptions acquises ; ce sont, à proprement
parler, non pas des perceptions au sens strict du mot, mais des associations faites par l'esprit entre certaines perceptions propres. Par
exemple, la vue me fournit primitivement l'étendue à deux dimensions, c'est-à-dire la surface, et le toucher seul me fait connaître l'étendue à trois dimensions, c'est-à-dire le volume solide ;
l'habitude de percevoir certaines données de la vue en même temps
que certaines données du toucher fait que nous nous attendons à voir
apparaître les unes lorsque les autres nous sont fournies, et ce
n'est là autre chose qu'une association habituelle. — De même l'association prête ses lois à la mémoire ; nous nous souvenons toujours en effet d'un état de conscience à propos d'un autre avec lequel il a quelque rapport. — Elle est aussi un auxiliaire de l'imagination, soit que celle-ci forme des images telles que les sens nous
les donnent tout d'abord, soit qu'elle forme des combinaisons
nouvelles et originales. — En outre, suivant que l'habitude, dans
un esprit, se porte sur les associations accidentelles et imprévues,
ou au contraire sur les associations rationnelles (rapports de cause
à effet, de principe à conséquence, de moyen à fin, etc.), cet esprit
est celui d'un homme d'esprit, ou d'un savant. — Enfin l'association fournit leurs premières bases à la comparaison, au jugement, au raisonnement.

En revanche, l'association ne peut intervenir en rien pour expliquer la nature des facultés intuitives, c'est-à-dire la conscience et
la raison : le moi, nous l'avons fait comprendre plus haut, n'est
pas une collection d'événements, et les notions rationnelles ne
peuvent se ramener à des associations habituelles. C'est que l'esprit a une activité propre, un fonds original d'où il tire les éléments directeurs de sa pensée, et c'est cette activité qui explique
l'association, bien loin qu'elle puisse être expliquée par elle.

231. — *Des principes de la raison. Que savez-vous et que pensez-*
vous de la manière dont l'empirisme contemporain en rend
compte ? (7 juillet 1887.)

DÉVELOPPEMENT

Outre les notions que la conscience et l'expérience externe
nous fournissent sur le moi et le monde, il y a dans la pensée un
certain nombre de notions, les mêmes chez tous les esprits, qui

sont d'un usage continuel et d'une application constante. Ce sont
les notions de temps, d'espace, de substance, de cause, de fin,
d'identité, d'infini, d'absolu, de parfait, de vrai, de beau, de bien ;
à ces notions correspondent des jugements ou principes, qui les
expriment sous une forme universelle et nécessaire : tels sont le
principe de causalité : « Tout ce qui commence d'exister a une
cause », — celui de temps : « Tout phénomène est dans le temps »,
— celui de finalité : « Tout ce qui existe a une fin (destination) ».
Ces principes sont tellement indispensables à la pensée qu'on les
a appelés les *principes directeurs de la connaissance.*

Toutes les doctrines sont unanimes à reconnaître l'importance
de ces notions et de ces principes dans l'esprit humain, mais ils
ont été expliqués bien différemment : l'empirisme sous toutes ses
formes les considère comme résultant de l'expérience, le rationa-
lisme au contraire leur donne une origine *a priori.* Examinons
d'abord les deux théories empiriques principales, l'associationisme
de Stuart-Mill et l'héréditarisme de M. Spencer, nous verrons ce
qu'il faut penser de leurs explications, et s'il n'est pas nécessaire
de donner aux notions dont il s'agit une autre origine que l'expérience.

1° La psychologie de Stuart-Mill, s'inspirant de celle de ses pré-
décesseurs, Hume, Hartley, James Mill, donne à la loi d'association, dans le monde de l'âme, un rôle analogue à celui de l'attraction dans le monde matériel. Toute connaissance quelle qu'elle
soit, et les principes de la raison comme tout le reste, se forme
par le concours de ces trois éléments : l'expérience qui fournit les
sensations, l'association qui les groupe, l'habitude qui conserve
les groupes formés. L'examen de cette thèse de l'associationisme
est du plus haut intérêt ; car si l'on peut expliquer par des associations habituelles et dès lors inséparables pour l'esprit, l'origine
des notions et des principes dont il s'agit, on établit ainsi une base
assez forte et assez solide pour porter l'édifice entier de l'empirisme.

D'après cette doctrine, il n'y a dans les notions en question rien
d'absolument universel et nécessaire. La notion d'espace par
exemple est tout entière formée par l'expérience : j'observe un
phénomène, puis un autre phénomène coexistant, puis un autre ;
comme je n'ai jamais constaté de limites à ces coexistences, que
toujours au delà d'un phénomène donné j'en ai trouvé un autre,
j'ai pris l'habitude de concevoir qu'il est toujours possible de

constater, au delà d'un phénomène donné, l'existence d'un autre phénomène. De même pour la notion de temps, pour celle de cause qui n'est que l'habitude de regarder comme indissolubles des couples de phénomènes se succédant régulièrement. Lorsque nous disons : « Tout ce qui commence d'exister a une cause », nous énonçons un résultat général de l'expérience, à savoir que nous n'avons jamais vu un phénomène qui ne fût accompagné d'un phénomène antécédent et suivi d'un autre phénomène conséquent. Et il en est ainsi de toutes les autres notions, et des principes par lesquels nous avons coutume de les exprimer.

Voilà la thèse de l'associationnisme. Que pouvons-nous répondre ? Tout d'abord remarquons que les observations qui, d'après Stuart-Mill, nous fournissent les matériaux de toute connaissance, sont en nombre extrêmement restreint, et que par elles nous sommes très loin par conséquent d'embrasser *tout* le passé. Comment dès lors pouvons-nous être sûrs que les faits, observés à plusieurs reprises dans des rapports donnés, ne s'associeront pas une fois par hasard, par exception si l'on veut, selon un rapport différent ? quelle valeur, par conséquent, pouvons-nous attribuer à la résultante, au total de ces observations ? quel fond pouvons-nous faire sur elles ? évidemment ce résultat sera aussi incomplet, précaire, instable, variable que possible. Mais supposons que l'esprit puisse arriver à une observation complète des faits passés, et soit capable d'en dresser un catalogue sans aucune exception : qu'avons-nous le droit d'inférer de là pour l'avenir ? qui nous autorise à conclure de ces données à un avenir qui n'est et ne peut être pour nous que l'inconnu ? Nous ne pourrions, en supposant même l'expérience complète, en formuler les résultats que dans ces termes : « *Jusqu'à présent*, l'expérience m'a montré invariablement tel et tel phénomène dans tel et tel rapport »; mais qui pourrait trouver là les éléments d'une affirmation universelle ?

Nous répondrons en outre que l'association, à laquelle Stuart-Mill et ses partisans donnent un si grand rôle, n'est en définitive qu'un « fait » dans la pensée comme tous les autres très fréquent si l'on veut, mais qui n'a aucune qualité pour être considéré comme la *loi* qui régit la vie intellectuelle tout entière; il faudrait pour cela qu'elle fût innée dans l'esprit avant les faits, et qu'elle les dirigeât aussitôt qu'ils apparaîtraient, ce qui est exactement le contraire de la thèse associationiste. En outre, comment expliquer que telle ou telle association se produise ? Ne faut-il pas des principes directeurs aux associations et, sans ces principes, les associations se produiraient-elles autrement que d'après le hasard le plus capricieux, qui introduirait dans la vie intellectuelle un véritable chaos ?

Enfin l'habitude, destinée, dans la doctrine de Stuart-Mill, à ajouter et à agréger les unes aux autres les associations successives, pour les rendre avec le temps indissolubles, l'habitude est essentiellement individuelle : comment expliquer que tous les esprits humains aient les mêmes associations habituelles ? Il y a là plus qu'une simple coïncidence, et l'associationisme devrait commencer par nous expliquer toutes ces difficultés. — En résumé, l'expérience, l'association et l'habitude, sont des éléments insuffisants pour rendre compte des notions qu'il s'agit d'expliquer : l'associationisme, en se renfermant obstinément dans ces cadres étroits, ne peut expliquer le caractère universel, nécessaire, absolu de ces notions.

2° M. Spencer, voyant les difficultés auxquelles prête l'empirisme individualiste de l'école de Stuart-Mill, propose d'ajouter à cette théorie la loi de l'hérédité. Les notions de cause, de temps, d'espace, etc., et les principes qui en dérivent, auraient dès lors pour origine des associations empiriques transmises par la loi de l'hérédité, de génération en génération : par là, dit-il, s'expliquerait le caractère universel, nécessaire, inné de ces notions.

Nous répondrons d'abord que la loi de l'hérédité est incontestable au point de vue intellectuel et moral, comme au point de vue physique; mais l'hérédité n'est qu'un pouvoir conservateur et accumulateur, elle n'explique rien par conséquent, car la question subsiste toujours de savoir comment les associations se sont formées pour la première fois chez les premiers ancêtres de la race humaine.

L'empirisme, si ingénieuses que soient les formes sous lesquelles on le présente, si savant que soit son appareil, est donc toujours trop à l'étroit dans les cadres où il se condamne à se mouvoir, et il ne rend compte d'aucun des caractères essentiels qui appartiennent aux notions dont il s'agit.

3° C'est qu'il a le tort de considérer l'esprit comme une simple réceptivité, et de faire entendre des variations plus ou moins originales sur un thème toujours le même, emprunté à Locke : « L'âme est une table rase. » Or l'âme, au contraire, a une activité primordiale, qui seule lui permet de construire la connaissance, en appliquant aux matériaux fournis par l'expérience certaines notions *a priori*. Outre la *matière* de la connaissance, il y a la *forme*, sans laquelle la matière reste lettre morte ; en prétendant tirer de l'expérience les notions directrices de la pensée, l'empirisme se condamne à ne rien comprendre à l'expérience elle-même, car elle n'est possible que si l'esprit porte déjà en lui-même les éléments qui lui serviront à mettre de l'ordre dans ses observations particulières : l'esprit, avec ses lois *a priori*, est ainsi la commune mesure des choses. Ce n'est pas à dire que l'expérience ne soit ici d'aucune utilité, bien au contraire : elle fournit, elle présente en quelque sorte à la raison les occasions d'entrer en acte, pour appliquer aux faits d'expérience les lois qui tout d'abord sont à l'état de simples « prédispositions » et de « virtualités » (Leibniz). Ainsi s'explique la correction fameuse apportée par Leibniz à la maxime sensualiste de l'école : *Nihil est in intellectu quod non prius fuerit in sensu nisi ipse intellectus.*

E. G. D.

274. — *Exposer et discuter les objections des déterministes contre l'existence du libre arbitre* (21 juillet 1885, 14 avril 1886.)

PLAN

Tout déterminisme repose sur l'abus du principe de causalité. On raisonne ainsi : il n'y a point de phénomène sans cause ; or ce qui est *cause* de tel ou tel phénomène est *effet* par rapport à une cause supérieure. Donc nulle cause n'est première ; il n'y a que des causes secondes : dire que quelque chose se fait sans cause (ce serait le cas de la liberté), c'est dire que quelque chose vient de rien. Par conséquent, comme le dit Kant, « la liberté est opposée à la loi de la causalité ». Toutes les objections du déterminisme contre le libre arbitre reviennent à cette revendication de l'universalité du principe de causalité ; nous allons voir cette objection prendre des formes diverses suivant les points de vue spéciaux auxquels se placent les différentes doctrines déterministes.

I. Nous trouvons d'abord le *déterminisme cosmologique* : le monde est un vaste système de causes secondes, dont la loi est l'action et la réaction universelles : il n'y a pas place, dans cet ensemble de forces tout à la fois déterminantes et déterminées, pour la liberté, c'est-à-dire pour le commencement absolu d'un acte.

On peut répondre avec Aristote : il faut s'arrêter (ἀνάγκη στῆναι) dans cette régression à l'infini d'une série de causes secondes ; il faut un premier anneau à la chaîne. Les causes secondes *communiquent* un mouvement, mais ne le *produisent* pas ; donc elles supposent une cause première, qui détermine sans être déterminée, c'est-à-dire qui soit *libre* : c'est le *premier moteur immobile* d'Aristote. La liberté est donc non la négation, mais la condition de la loi de causalité. Les lois de la nature sont contingentes, donc il n'y a pas de nécessité rigoureuse et inflexible : Dieu a donné au monde les lois qu'il a jugées *librement* les plus propres à la réalisation du meilleur.

II. 1° Leibnitz se place à un autre point de vue pour soutenir le déterminisme : la volonté, dit-il, est déterminée (en Dieu comme dans l'homme) par l'idée du meilleur, et « l'intelligence est l'âme de la liberté »; le reste n'en est que le corps et comme la matière inerte.

C'est le *déterminisme psychologique.* — Cette doctrine diffère de la précédente en ce que le principe de toute détermination, au lieu d'être une cause efficiente, est une cause finale.

Elle n'est pas plus admissible : en effet, « c'est comme si le but que vise un archer produisait lui-même le mouvement de la flèche et lui imprimait sa direction. » L'idée est une abstraction, donc elle ne peut agir.

2° En vain Leibnitz insiste, en disant que rien n'existe sans une raison suffisante. Soit, pourvu qu'on n'entende pas par là (comme il le fait) raison déterminante : sans doute, pour vouloir et pour agir, il faut un motif valable ou plausible, mais ce motif ne devient le plus fort que quand ma volonté lui a donné ce caractère.

3° Mais alors, reprennent les déterministes, on peut donc agir contre la raison ? — oui, et sans ce pouvoir d'être déraisonnable, l'homme n'aurait aucun mérite à écouter la loi de la raison et ne serait pas *responsable,* parce qu'il ne serait pas *cause libre.*

4° Spinosa objecte que le sentiment de la liberté est une illusion, et il l'explique par « l'ignorance des motifs qui nous font agir ». — Rien de plus inexact, au point de vue psychologique : nous ne nous sentons jamais plus libres que quand notre volonté est indécise entre un grand nombre de motifs. Il est donc vrai que la liberté est en raison de l'intelligence, en ce sens seulement que l'intelligence lui fournit un plus grand nombre de matériaux.

5° On objecte encore l'asservissement de la volonté à la passion :

— en réalité la passion diminue et entrave la liberté, mais ne la supprime pas.

III. Enfin nous trouvons le *déterminisme théologique* : nous n'agissons pas, « nous sommes agis,» Dieu agit en nous (Malebranche, Leibnitz, les panthéistes). — Réponse : Toutes les grandes idées morales (liberté, devoir, obligation, mérite et démérite...) n'ont aucun sens dans cette doctrine. D'ailleurs on ne voit pas qu'il y ait incompatibilité entre la liberté humaine et la toute-puissance divine : Dieu a créé les êtres par amour, c'est-à-dire par l'acte le plus souverainement libre, et il n'a pu vouloir que le plus parfait de ces êtres n'eût pas le pouvoir d'aimer « librement » son créateur à son tour.

IV. Les différentes objections du déterminisme n'ont donc pu ébranler la doctrine qui reconnaît à l'homme le pouvoir égal d'agir ou de ne pas agir dans les mêmes circonstances, et de se déterminer par lui-même. La liberté est attestée d'ailleurs indirectement par les institutions sociales, droit, peines, récompenses ; par des pratiques universelles et qui n'ont pas d'autre fondement : serments, promesses, contrats, etc.

Importance du problème de la liberté, si bien vu par Kant, et qui a pris une place prépondérante dans la philosophie moderne. De la solution du problème dépend la fortune de tous les systèmes qui la combattent plus ou moins directement : matérialisme, empirisme, panthéisme, etc.

E. G. D.

325. — *Différences psychologiques de l'homme et de l'animal.*
(11 juillet 1888.)

DÉVELOPPEMENT

Pour bien comprendre cette question, il est essentiel d'analyser les diverses facultés dont l'homme est doué ainsi que les divers pouvoirs, purement passifs, que l'animal possède.

L'homme a été défini un être doué de raison; jamais on n'a osé attribuer la raison aux animaux, même à ceux qui donnent les signes d'intelligence les plus incontestables.

L'homme est doué de sensibilité, d'intelligence et de volonté : ce sont là les trois grandes facultés que Dieu a accordées à sa créature par excellence, l'homme, fait à son image. — L'animal est-il au même degré sensible, intelligent et libre dans ses actes ?

Voilà la question à débattre, et que nous ne pouvons bien comprendre que par un examen attentif des divers pouvoirs dont sont doués ces deux espèces d'êtres, si différents dans leur conformation physique, et plus différents encore dans leur constitution morale.

L'homme, dit Bossuet, est doué de la sensibilité, pouvoir d'être affecté en peine ou en plaisir. Ainsi, l'être raisonnable est donc susceptible d'éprouver du plaisir ou de la douleur par suite des diverses impressions qu'il reçoit ; mais ces impressions peuvent lui venir, tantôt du monde extérieur, tantôt des phénomènes intimes dont la conscience est le théâtre, tantôt des données de la raison qui lui fournit les notions du beau, du bien et du vrai. L'homme éprouve donc des sensations et des sentiments tout à la fois.

En est-il de même des animaux ? non assurément ; les impressions qui se produisent sur eux ne sont que des sensations plus ou moins vives, les sentiments leur sont inconnus ; il y a cependant des apparences de reconnaissance, d'attachement ; mais il ne faut y voir qu'une organisation spéciale, en vertu de laquelle certains animaux sentent instinctivement le besoin de l'homme, auquel ils s'attachent en raison même de la sollicitude dont il sont l'objet de sa part.

Lorsqu'un phénomène nous frappe, nous l'observons pour en connaître le but et la cause. Cette manifestation de notre intelligence établit entre l'homme et l'animal une incontestable ligne de démarcation — ; l'homme cherche la cause de ce qu'il voit, de ce qu'il sent ; l'animal se contente d'être affecté agréablement ou péniblement, de rechercher ou d'éviter les sensations qu'il a une fois éprouvées, sans plus se préoccuper de ce qu'elles ont de commun avec le beau, le vrai et le bien, notions au-dessus de sa portée. Tout chez lui se réduit, à peu de chose près, à l'instinct de conservation.

Grâce à l'attention dont nous sommes capables, non seulement nous fixons notre esprit sur les objets, mais nous les rapprochons, nous cherchons les rapports qu'ils ont entre eux ; l'animal en est incapable ; — nous affirmons les rapports de ressemblance ou de dissemblance par une opération appelée jugement ; l'animal ne peut juger de la même façon, il n'a qu'un jugement instinctif, espèce de jugement *a priori* qui lui fait distinguer ce qui est bon ou mauvais pour sa conservation.

L'homme se souvient : non seulement il grave dans son esprit les faits qu'il lui importe de conserver, mais il les marque d'un signe spécial ; il les classe suivant leur importance ; il prend pour ainsi dire vis-à-vis de lui-même l'engagement de se rappeler celui-ci et d'oublier plus ou moins celui-là. Il y a donc une intervention de la volonté dont l'animal est incapable.

La mémoire entraîne chez l'homme l'association des idées, c'est-à-dire la faculté d'unir les souvenirs, les impressions de toutes sortes ; l'animal n'a pas cette faculté, les impressions chez lui se confondent ; il est capable d'amour ou de haine, de velléité de vengeance, mais sans qu'il puisse raisonner les causes de ces divers mouvements qui partent tous d'un principe unique : le principe de conservation.

Ainsi l'homme est attentif à ce qui se passe sous ses yeux, il compare, il juge, il raisonne, il se souvient, il associe un plus ou moins grand nombre d'idées.

L'animal subit passivement toutes sortes d'impressions ; sans être absolument automate, il n'a qu'une intelligence sensitive, il reste attaché à la terre par sa conformation, il est incapable de s'élever par son intelligence à la connaissance de quelque vérité que ce soit.

Parmi nos facultés intellectuelles, il en est une qui semble résumer toutes les autres, parce qu'elle en est la résultante : c'est l'imagination. Elle consiste à créer quelque chose de nouveau à l'aide des éléments pris aux diverses sortes de réalités, car c'est ainsi qu'il faut entendre cette faculté. Les animaux n'en sont pas privés absolument, mais chez eux cette faculté, si faculté il y a, consiste à conserver d'une façon plus ou moins vive l'impression produite sur eux par les objets : ainsi certains animaux éprouvent pendant leur sommeil des frayeurs à la vue d'un péril imaginaire. Le souvenir agit donc sur leur organisation, comme chez l'homme ; seulement celui-ci raisonne la valeur des impressions qu'il reçoit, de lui-même il se réconforte, s'arrache à ses craintes, revient à son état normal ; l'animal en est incapable.

Un argument plus important résulte de la différence des conditions. Sortis des mains du même créateur, ces deux sortes d'êtres ont suivi la route qui leur a été tracée : — l'homme doué d'intelligence s'est élevé à la conquête d'un certain nombre de vérités, il a appris à connaître son auteur, s'est préoccupé de son origine et de sa fin, a soumis sa conduite aux lois de la morale ;

l'animal est condamné à regarder la terre, et à ne jamais rien comprendre de tout ce qu'il importe le plus de connaître : le beau, le bien et le vrai.

J. M.
agrégé de philosophie,
docteur ès lettres.

M. Bersot a fait d'un remarquable ouvrage de M. Joly. (l'Homme et l'Animal) une appréciation qui, sous une forme originale, répond à la question posée ci-dessus. Nous croyons faire plaisir à nos lecteurs en transcrivant ici ce passage pour leur indiquer comment on peut agrémenter les sujets ardus de la philosophie.

— Nous vivons familièrement avec les animaux ; nous voyons chez eux des démonstrations de plaisir, de douleur, de désir, d'affection, de haine, de souvenir ; des desseins poursuivis et accomplis ; nous en concluons tout simplement que les animaux sentent et pensent, et quand de grands esprits, comme Descartes, Malebranche, Bossuet, Buffon nous disent que ce sont de pures machines, ou seulement un peu plus que cela, nous refusons de les croire.

Sans aller aussi loin, M. Joly, lorsqu'il distingue si nettement l'instinct et l'intelligence et qu'il attribue aux hommes l'intelligence sans l'instinct, aux animaux l'instinct sans l'intelligence, est-il sûr de faire bien équitablement les parts ? Il n'est peut-être ici personne qui n'ait eu l'occasion d'observer chez les animaux qui l'entourent quelque trait d'intelligence, souvent poussée très loin, des combinaisons ingénieuses, de vrais raisonnements ; dans une espèce, des individus incomparablement plus intelligents que d'autres et auxquels, comme on dit, il ne manque que la parole. A côté de ces observations de tout le monde, les savants naturalistes remarquent que l'instinct lui-même, la puissance aveugle qui fait des animaux comme des automates, n'est pas toujours aussi aveugle, qu'il lui arrive d'être éclairé par l'intelligence et que, si certaines circonstances changent, il change ; l'intelligence y a donc pénétré.

Laissons, entre les animaux et nous, ces procès de mur mitoyen. Ce qui est certain, c'est qu'il leur manque les hautes parties de la raison : l'idée du bien et du droit, le sentiment de l'infini. C'est plaisanterie de donner aux bêtes tout ce que nous avons. De là tant d'histoires inventées à leur honneur, par exemple cette fable de l'éléphant pieux qui se prosterne devant le soleil levant. On ne conteste pas avec les poètes lorsque, tout pleins de la grande âme de la nature, ils prêtent aux animaux comme un sentiment profond et sourd de la vie universelle, de l'esprit invisible ; M. de Laprade a dit :

..... Et l'avide génisse
L'aspire en mugissant au bord du précipice.

Le vers est beau ; il suffit. — Il manque encore aux animaux la liberté et la réflexion, c'est-à-dire le retour sur soi-même : ils ne se voient pas penser, ils ne se voient pas sentir, ils ne se voient pas aimer ; c'est leur faiblesse et leur charme ; ils sont comme les enfants, tout à leurs impressions mobiles ; aussi est-on perpétuellement intéressé par ce spectacle et, après qu'on a fréquenté quelque temps la société, on retrouve avec plaisir ces êtres naïfs.

Il semble que notre temps devient doux aux animaux. Sans doute on les tue, parce qu'il faut vivre et se défendre et que la guerre est dans notre sang comme dans le leur ; il paraît excessif de les appeler nos frères, car ici entre frères on se mange un peu trop ; mais on commence à s'indigner contre ceux qui les font souffrir méchamment ; on défend de pauvres créatures inoffensives. Quand un enfant sent palpiter sous ses doigts ce petit cœur de l'oiseau qu'il a meurtri et qu'il n'est pas ému, on lui fait honte, on comprend qu'il s'endurcit ainsi aux douleurs de ses semblables et qu'une barbarie mène à l'autre. Nous avons vu, de nos jours, voter une loi et naître une société qui les protège ; cette société est présidée par un éminent jurisconsulte, M. V..., qui ne rougit pas de ses humbles clients. Du reste ce n'est pas d'aujourd'hui qu'ils ont des amis : il y a longtemps que les hommes ont deviné que partout où est la vie et le sentiment, il y a place pour une sympathie ; quelques-uns des plus illustres l'ont éprouvée et rendue avec un immortel éclat : Homère, Lucrèce, Virgile, La Fontaine, Montaigne, Lamartine, Michelet, Victor Hugo.

Il convient de mettre enfin les animaux à leur vraie place, sans faveur ni jalousie, ni trop haut, ni trop bas, d'autant plus que cette justice est sans danger. Voltaire écrivait qu'il enviait aux bêtes l'ignorance du mal qu'on dit d'elles ; oui, et elles ignorent également le bien ; aussi est-il permis de le dire sans crainte d'exciter chez elles de dangereuses prétentions, en leur découvrant subitement leurs mérites. Elles ne nous liront pas.

360. — *Du raisonnement déductif. Dire nettement en quoi il consiste, et les grandes règles qu'il y faut observer. Donner des exemples.* (13 juillet 1887.)

DÉVELOPPEMENT

On appelle raisonnement en général, l'opération par laquelle l'esprit va du connu à l'inconnu. Il y a deux sortes de raisonnement : l'un va du particulier au général, c'est-à-dire des faits aux lois qui les régissent, c'est le raisonnement *inductif* ; l'autre, le raisonnement *déductif*, va du général au particulier, c'est-à-dire des principes aux conséquences qui en découlent. L'application du raisonnement inductif aux sciences de faits (sciences physiques et naturelles) donne lieu à la méthode inductive ou expérimentale ; l'usage du raisonnement déductif, appliqué aux sciences du raisonnement (sciences mathématiques), s'appelle la démonstration. Examinons le raisonnement déductif, indépendamment des applications dont il est susceptible : voyons en quoi il consiste exactement, et à quelles règles il doit se conformer pour être légitime.

1º Le type du raisonnement déductif est le *syllogisme*. On appelle ainsi un assemblage de trois propositions disposées de telle sorte que les deux premières nommées *prémisses* (*præ missæ*, envoyées devant, c'est-à-dire exprimées les premières) étant données, la troisième, appelée *conclusion*, en résulte nécessairement. Le syllogisme a pour but de trouver le rapport qui existe entre deux idées, lorsque ce rapport n'apparaît pas immédiatement : deux idées étant conçues dans l'esprit, l'une plus générale, l'autre moins générale, on cherche, parmi les idées précédemment acquises par l'esprit, s'il en est une qui puisse convenir à l'une et à l'autre, c'est-à-dire qui soit renfermée dans la première et qui renferme la seconde ; elle est ainsi destinée à leur servir d'intermédiaire, de trait d'union, de commune mesure. On appelle *grand terme* le terme qui sert à exprimer l'idée la plus générale, *moyen terme*, celui qui exprime l'idée intermédiaire, *petit terme*, celui qui correspond à l'idée la moins générale. La première prémisse, nommé *majeure*, renferme toujours le grand terme et le moyen terme ; la prémisse, *mineure*, se compose du petit terme et du moyen terme ; enfin le petit terme est toujours sujet et le grand terme toujours attribut dans la conclusion, car l'essence de la conclusion est d'exprimer le résultat que cherche le syllogisme, c'est-à-dire l'expression du rapport entre le grand et le petit termes.

2º Pour que le syllogisme soit légitime, c'est-à-dire pour qu'il trouve le rapport cherché et l'exprime exactement, il faut qu'il satisfasse à certaines conditions ou règles nécessaires : elles sont au nombre de huit, quatre pour les termes, quatre relatives aux propositions.

A. Règles concernant les termes ;

1º *Terminus esto triplex, medius, majorque, minorque.* « Tout syllogisme doit renfermer trois termes, le grand, le moyen, le petit. » Cette règle n'en est pas une à proprement parler : c'est là en effet une condition *sine qua non* du syllogisme, l'indication des matériaux indispensables à sa formation.

2º *Nequaquam medium capiat conclusio fas est.* « La conclusion ne doit jamais renfermer le moyen terme ; » nous en avons donné plus haut la raison. C'est encore là moins une règle qu'une conclusion du syllogisme, et la Logique de Port-Royal la néglige ainsi que la précédente.

3º *Aut semel aut iterum medius generaliter esto.* « Le moyen terme doit être employé au moins une fois avec toute son extension. » S'il était exprimé deux fois, en effet, avec une partie seulement de son extension, il y aurait en réalité quatre termes et non pas trois, puisque le grand terme serait comparé à une partie du moyen terme, et le petit terme à une autre partie du même moyen. Or il faut que tous deux soient comparés au moins une fois à la même idée, qui par ce moyen seulement remplira son rôle d'intermédiaire et de commune mesure. Si je dis par exemple :

> *Quelques* hommes sont malheureux ;
> *Quelques* hommes sont coupables ;

je ne peux rien conclure, car je ne sais pas si les quelques hommes malheureux de la majeure sont les mêmes que les quelques hommes coupables de la mineure.

4º *Latius hos quam præmissæ conclusio non vult.* « Les termes de la conclusion ne doivent pas y être exprimés avec plus d'extension que dans les prémisses. » En effet, ce qui est vrai particulièrement dans les prémisses ne peut être énoncé comme vrai universellement dans la conclusion : la conclusion ne fait qu'exprimer ce qui est renfermé implicitement dans les prémisses.

Ex. : Si je dis : *Quelques* hommes sont laborieux ;
> *Quelques* laborieux sont récompensés ;

je ne peux conclure que *tous* les hommes sont récompensés.

B. Règles relatives aux propositions :

1º *Ambæ affirmantes nequeunt generare negantem.* « Deux prémisses affirmatives ne peuvent engendrer une conclusion négative. » En effet, si je dis :

> A convient à B ;
> B convient à C ;

je ne puis en conclure qu'une chose, c'est que A convient à C par l'intermédiaire de B.

2º *Utraque si præmissa neget, nil inde sequetur.* « Si les deux prémisses sont négatives, il n'y a pas de conclusion. » Il semblerait à première vue que la conclusion doive être négative : il n'en est rien, car le résultat des deux prémisses est d'avoir séparé absolument les trois termes. Ex. :

Les Espagnols ne sont pas Turcs;
Les Turcs ne sont pas chrétiens;

que conclure de là ? absolument rien.

3° *Nil sequitur geminis ex particularibus unquam.* « Il n'y a pas de conclusion à tirer de deux prémisses particulières. »

Ex : *Quelques* arbres sont des sapins;
Quelques sapins vivent sur les montagnes ;

il n'y a rien à conclure, parce que ce qui est dit des sapins dont on parle dans la majeure n'est pas affirmé nécessairement des sapins dont il s'agit dans la mineure.

4° *Pejorem sequitur semper conclusio partem.* « La conclusion doit suivre toujours le plus faible parti; » c'est-à-dire si l'une des prémisses est affirmative et l'autre négative, la conclusion sera négative ; si l'une est universelle et l'autre particulière, la conclusion sera particulière. La particularité, en effet, à l'égard de l'universalité, la négation à l'égard de l'affirmation constituent une restriction dont la conclusion doit tenir compte, sous peine de dépasser les prémisses.

Ex. : *Tous* les actes de dévouement sont méritoires;
Quelques actes méritoires sont récompensés;
Donc *quelques* dévouements sont récompensés.

Ou bien :

Dieu est infaillible;
L'homme *n'est pas* Dieu;
Donc l'homme *n'est pas* infaillible.

3° Réduction des règles du syllogisme. — En laissant de côté les deux premières règles des termes, il en reste six, qu'on a réduites à ces deux essentielles :

1° Le moyen terme doit être pris au moins une fois avec toute son extension. — 2° La conclusion ne doit pas dépasser les prémisses. Les anciens logiciens considéraient même le syllogisme comme régi par un principe unique, le *dictum de omni et nullo*, c'est-à-dire : « Tout ce qui est affirmé ou nié d'un tout est affirmé du nid de chaque partie de ce tout, » (Bain) ; ou encore : « Tout ce qui est dans le contenant est dans le contenu, et tout ce qui est hors du contenant est hors du contenu » (Euler). C'est dire que, en définitive, le syllogisme est régi par le principe d'identité, qui préside en effet à toutes les démarches de la pensée déductive, et se formule ainsi : « Une chose est ce qu'elle est. » Il y a identité en effet entre le principe et les conséquences qui en découlent.

4º Utilité du syllogisme. — On a beaucoup abusé pendant le moyen âge du syllogisme : cet usage intempestif et souvent hors de propos explique les sévérités de Bacon et de Descartes contre lui, mais ne les justifie pas. On peut dire, en effet, que « l'usage en est heureux, si l'abus est funeste » et le tout est de savoir s'en servir comme il faut. Tout en nous tenant en défiance contre ses excès, nous pouvons donc répéter avec Leibniz : « Je tiens que l'invention de la forme des syllogismes est une des plus belles de l'esprit humain, et même des plus considérables. C'est une espèce de mathématique universelle, dont l'importance n'est pas assez connue ; et l'on peut dire qu'un art d'infaillibilité y est contenu, pourvu qu'on sache et qu'on puisse s'en bien servir... » (*Nouv. Essais*, liv. IV, ch. 17.)

E. G. D.

396. — *Du raisonnement inductif. Donner par des exemples une idée nette de la nature de cette opération. Du genre de certitude qu'elle comporte. Des conditions requises pour qu'elle soit scientifiquement correcte.* (18 novembre 1887.)

DÉVELOPPEMENT

A. Le raisonnement en général est le procédé par lequel l'esprit va du connu à l'inconnu ; mais tandis que la déduction prend comme point de départ un principe dont elle tire les conséquences, le raisonnement inductif consiste à aller des faits aux lois, c'est-à-dire de la connaissance des faits particuliers à celle des conditions générales d'existence qui les régissent et les expliquent. Les faits ne sont pas ainsi l'objet même de la science ; ils ne sont que les matériaux sur lesquels l'esprit opère pour arriver à son véritable objet, la conception des lois : Socrate et Aristote en effet ont dit, il y a plus de deux mille ans, et la scolastique a souvent répété au moyen âge, que « il n'y a de science que du général, *nulla est fluxorum scientia* ».

7

B. Un exemple familier suffira pour donner une idée nette de
la nature de cette opération. Je suppose que je soumette diverses
masses gazeuses à différentes pressions : je pourrai constater dans
tous les cas que le volume de chacune d'elles reste inversement
proportionnel aux pressions qu'elle supporte, pourvu que sa tem-
pérature reste constante ; si j'exprime sous une forme universelle
les résultats obtenus, j'aurai exactement l'énoncé de la loi de Ma-
riotte. Tant que j'en suis encore à cette première période du raisonnement inductif qui est l'observation des faits, je ne fais pas
encore de la science : je n'entre dans le domaine scientifique que
lorsque j'énonce la loi universelle.

C. Mais la question est de savoir précisément si c'est bien là
un résultat scientifique ; si l'esprit n'est pas dupe de ses illusions
en se hâtant d'affirmer que les choses se passent partout et invariablement dans les conditions où nous les avons vues se produire
quelquefois ; si, en mettant les choses au mieux, les résultats affir-
més avec tant d'assurance ne seraient pas simplement, en [der-
nière analyse, de très hautes probabilités, confirmées en général
par les expériences ultérieures, mais que d'autres expériences peuvent contredire aussi du jour au lendemain. Les lois énoncées ne
semblent-elles pas devoir être considérées seulement comme les
formules où nous exprimons les résultats de nos efforts pour connaître, mais (non comme des connaissances positives et
certaines? elles ne formeraient dans leur ensemble, dès lors, qu'un
catalogue provisoire, et toujours modifiable au fur et à mesure
que l'expérience viendrait diminuer notre ignorance de la nature.
Une objection grave plane en effet sur toute induction : de quel
droit dépassons-nous dans nos affirmations le nombre des cas
constatés, nécessairement restreint et limité, pour affirmer que
tous les faits de même ordre, se produisent de la même manière?
L'induction n'est-elle pas un cas particulier du sophisme par dé-
nombrement imparfait ? — Il n'a pas manqué de philosophes pour
adresser à l'induction ces reproches que nous venons de résumer:
dans la Logique de Port-Royal nous trouvons cette déclaration
très concluante : « L'induction seule n'est jamais un moyen certain d'obtenir une science parfaite » (part. III. ch. xix § 9); le
philosophe écossais Hamilton exprime non moins résolument la
même défiance. Ces reproches sont-ils fondés, ou l'induction est-
elle un procédé capable de nous donner la certitude scientifique?

D. La réponse à cette question sera très différente, suivant la manière dont on conçoit le procédé de l'induction. Pour certains philosophes, principalement Stuart-Mill, ce raisonnement n'est qu'une association devenue habituelle dans l'esprit, entre des faits observés et rapprochés naturellement d'après leurs rapports de ressemblance, de contiguïté dans le temps et l'espace, etc. ; c'est donner comme unique fondement à l'induction l'expérience. D'après une autre doctrine, toute sa valeur repose sur un principe *a priori* de la raison, qui dirige et domine l'expérience, et donne au procédé toute sa légitimité, toute sa signification, toute sa portée.

1° La théorie empirique se trouve exposée tout au long dans la logique de Stuart-Mill, et dans celle de son disciple M. Bain. Suivant cette doctrine, l'inférence se fait d'abord dans l'esprit, du particulier au particulier : par exemple, un enfant qui s'est une fois brûlé en s'approchant du feu se garde bien de s'en approcher une autre fois, parce qu'il craint de se brûler encore ; puis peu à peu, l'observation lui ayant montré d'autres événements analogues à celui qu'il a pu expérimenter par lui-même, et lui ayant montré que d'autres personnes se sont brûlées aussi dans des circonstances semblables, il en vient à énoncer sous une forme générale sa première inférence, d'abord toute particulière. — C'est contre une pareille théorie de l'induction que portent toutes les objections énoncées plus haut. Il est incontestable en effet que, si les seuls éléments sont ici des faits d'expérience, la moindre loi ne pourra être énoncée : tout ce que je pourrai affirmer en effet, sous peine de dépasser absolument le cadre rigoureux de l'expérience, c'est que *jusqu'à présent*, dans tels et tels cas par moi constatés ou venus à ma connaissance par d'autres témoins également bien informés, tel phénomène s'est produit de telle manière ; mais ignorant totalement le nombre infiniment plus considérable, sans aucun doute, de tous les cas où le même fait a pu se produire dans le passé et actuellement, et ne pouvant absolument pas concevoir sous une forme quelconque un avenir que l'expérience ne peut même me faire soupçonner, il m'est impossible d'affirmer que *tous* les faits de la même nature se sont produits, se produisent et se produiront de même manière. Nous avions donc raison de dire que l'empirisme est impuissant à formuler la moindre loi.

2° Aristote, avec sa merveilleuse intelligence de tous les grands problèmes philosophiques, semble avoir compris, malgré l'estime ou il tient en général l'expérience, son impuissance, ici comme partout, à donner par son seul effet une solution : aussi ramène-t-il l'induction à une forme particulière de la déduction qui consisterait à conclure l'un des extrêmes du moyen par l'autre extrême. (*Analytiques*, liv. II, ch. 23.)

Exemple :

L'homme, le cheval et le mulet sont des animaux sans fiel ;
Or l'homme, le cheval et le mulet vivent longtemps ;
Donc tous les animaux sans fiel vivent longtemps.

Cette théorie de l'induction n'est pas, en somme, plus acceptable que la précédente, car elle suppose que ce raisonnement peut procéder par énumération totale ; or en réalité l'énumération de faits constatés par l'expérience ne peut jamais être épuisée, par conséquent la substitution de l'un des extrêmes au moyen terme, qui ne pourrait être légitime qu'au cas où l'énumération serait véritablement complète, est toujours hypothétique.

5° Reste la troisième doctrine, celle de l'école Écossaise, reprise et interprétée par un remarquable logicien et métaphysicien contemporain, M. Lachelier : « La nature obéit à des lois constantes et universelles, » dit Royer-Collard ; car, selon M. Lachelier, tout être a sa raison dans la cause intelligente qui dirige et gouverne le monde. La conviction *a priori* que tout être a une cause et une fin nous permet seule, en voyant bien observés plusieurs phénomènes, et à la rigueur même en constatant un seul phénomène, d'affirmer qu'il y a là une loi. Ainsi grâce aux lois et aux principes *a priori* que l'esprit trouve en lui-même, grâce à l'activité propre et féconde de sa pensée, il devient, comme le dit Bacon, l'interprète de la nature (*homo interpres naturæ*), et pénètre de plus en plus avant dans les secrets de cet univers, où il lui est donné de vivre en roi ; et sa royauté est imprescriptible, car c'est celle de la pensée et de la science.

E. G. D.

431. — *Du témoignage et de la critique historique. Principales sources des erreurs en histoire ; règles à observer pour s'en défendre.* (18 juillet 1887.)

DÉVELOPPEMENT

Tandis que les sciences physiques et naturelles ont pour méthode l'observation et l'expérimentation directes sur les faits, que

les sciences mathématiques enchaînent les unes aux autres les
vérités qui constituent leur matière par le raisonnement déductif,
l'histoire est, au point de vue de la méthode, dans des conditions
spéciales. On peut la ranger, il est vrai, parmi les sciences de
faits, mais comme les faits dont il s'agit sont passés, et qu'on ne
peut après un long temps écoulé s'assurer par soi-même de leur
existence, il faut avoir recours au *témoignage* de nos semblables.
C'est là un procédé d'information tout particulier ; on a essayé de
ramener la croyance au témoignage à *l'induction* ou plutôt à *l'analogie*, par le moyen de l'association : tels hommes, dit-on, placés
dans telles et telles circonstances, ne se sont pas trompés et n'ont
pas voulu tromper; tels témoins sont actuellement dans les mêmes
conditions ; donc ils ne se trompent pas, et ne peuvent vouloir
nous tromper. Cette explication est vraie en partie seulement ;
l'analogie et l'association peuvent bien, du moins dans un grand
nombre de cas, servir de vérification et de contrôle expérimental
à la croyance que nous avons dans le témoignage d'autrui, mais
elles n'expliquent pas la tendance primitive et le désir d'étendre
notre connaissance en y ajoutant celle de nos semblables. Reid a
pénétré plus profondément, il nous semble, dans la question, en
donnant comme raison principale de cette tendance le besoin
inné de véracité et celui de crédulité dans l'âme humaine ; il est
vrai de dire que le second est réductible au premier par voie
d'analogie : nous croyons que les autres hommes disent la vérité,
parce que nous avons une disposition irrésistible à la dire nous-
mêmes.

Mais cette inclination, comme toutes celles de notre nature, ne
doit pas être aveuglément satisfaite, surtout en matière scientifique : nous nous exposerions aux plus graves erreurs en histoire,
si nous croyions un fait par cela même qu'un de nos semblables
l'affirmerait ; il faut que l'affirmation énoncée soit, non pas *con-
trôlée*, ce qui n'est pas possible à proprement parler, mais *discu-
tée*; il faut en un mot faire la *critique* du témoignage. Quelles
sont les règles de cette critique ? En les indiquant, et en disant
quelles précautions sont à prendre pour s'assurer de l'exactitude
des témoignages, on montrera du même coup les moyens d'éviter, autant que possible, l'erreur en matière historique. Il va de
soi que la certitude dont il s'agit ici n'est pas la certitude absolue,
du moins *théoriquement*, puisque, si imposant que soit l'accord
des témoignages donnés sur un fait, le fait contraire est toujours

absolument possible et n'implique pas contradiction. Cependant la probabilité ainsi obtenue est immense, et, se rapproche tellement de la certitude à proprement parler, que *pratiquement* on peut la considérer comme telle.

Les règles relatives à la critique historique sont de deux sortes : celles qui regardent les témoins, et celles qui concernent les faits eux-mêmes.

I. — 1º S'il y a un seul témoin, il faut qu'il soit : (a) intelligent (comme dit Thiers dans la Préface de l'Histoire de la Révolution française), c'est-à-dire apte à bien voir tout ce dont il peut témoigner, habitué à démêler dans la masse des faits et de leurs circonstances ce qu'il y a d'important et d'essentiel ; — (b) bien informé sur les faits particuliers dont il s'agit, c'est-à-dire qu'il ait été bien placé pour voir les événements ; — (c) préoccupé de la vérité ; — (d) désintéressé, c'est-à-dire n'ayant aucun intérêt à la falsifier. — 2º S'il y a plusieurs témoignages, ils peuvent être *unanimes*, ou *partagés*. — A. L'unanimité des témoignages est une présomption de véracité ; cependant il faut s'assurer : (a) que les témoins ont été tous bien informés ; — (b) qu'ils n'ont pas voulu tromper, poussés par un intérêt commun ; — (c) quand même ils auraient voulu se concerter pour mentir, qu'ils ont été dans l'impossibilité de le faire ; — (d) que, même s'ils ont pu s'entendre, ils ont été découverts. — B. Si les témoignages sont partagés, il ne faut pas les *compter*, mais les *peser*, c'est-à-dire chercher non pas où sont les plus nombreux, mais où sont les plus compétents et les plus véridiques. — En somme, qu'il s'agisse d'un seul témoin ou de plusieurs, les qualités indispensables pour que le témoignage soit accepté sont la *compétence* et la *sincérité*.

II. Les règles relatives aux faits eux-mêmes se rapportent à la tradition orale, aux monuments, à l'histoire proprement dite.

1º Les conditions principales que doit remplir la tradition sont (a) d'être uniforme, c'est-à-dire qu'il n'y ait pas plusieurs versions qui se détruisent les unes les autres ; — (b) de ne pas avoir subi d'interruption, ce qui serait une cause d'altérations très probable ; — (c) de ne pas avoir été mise en circulation trop longtemps après l'événement qu'elle rapporte ; — (d) de n'avoir pu été détruite par une majorité intéressée à la faire disparaître.

2º Les monuments, pour être classés parmi les sources de l'histoire, doivent : (a) être publics ; — (b) remonter jusqu'aux faits attestés. Les monuments sont extrêmement variés : temples, sta-

tues, tombeaux, arcs de triomphe, colonnes, inscriptions, mé-
dailles.

3° Les monuments écrits (ou l'histoire proprement dite), doivent
être *authentiques*, et pour cela remplir les condition ssuivantes:
(a) être cités ou nommés à plusieurs reprises par des auteurs dignes
de foi, ou *à fortiori* par des auteurs intéressés à dire le contraire,
surtout si ces auteurs sont des contemporains ; — (b) être intacts,
c'est-à-dire ni interpolés, ni altérés en aucune manière ; —(c) avoir
la couleur locale des situations, des personnages, de mille détails
plus ou moins importants ; — (d) ne pas être en opposition manifeste avec les croyances, le caractère, le talent connus de l'auteur
présumé ; — (e) ne pas renfermer d'allusions à des personnes ou
à des événements postérieurs à la date dont il s'agit ; — (f) porter
l'empreinte du style de l'auteur, être écrits de son écriture connue ;
(g) il faut se défier des copies d'ouvrages qui peuvent avoir été alté-
rées volontairement ou involontairement ; — (h) critiquer sévère-
ment surtout les mémoires, écrits le plus souvent avec un parti pris.

Si ces diverses conditions sont remplies, et elles sont, toutes
plus ou moins utiles et indispensables, l'histoire arrivera à cette
certitude morale qui est la seule à laquelle elle puisse prétendre, et qui en soi n'est que le plus haut degré de la probabilité :
la certitude historique, comme nous l'avons dit précédemment,
n'en est pas pratiquement moindre pour cela, et, ici comme partout, la méthode pour éviter l'erreur est en même temps l'ensemble
des moyens pour arriver à la vérité.

E. G. D.

441. — *Nature et causes générales de l'erreur.*
(1er avril 1887 — 9 juillet 1885).

PLAN

A. 1° *Nature de l'erreur.* — L'intelligence humaine porte en
elle-même les principes qui lui permettent d'atteindre au vrai ; elle
est faite pour le vrai. Comment donc expliquer que dans bien des
cas elle s'égare, alors que la voie lui semble toute tracée, et qu'elle
se trompe, c'est-à-dire qu'elle tombe dans l'erreur ? Il est si fréquent pour l'homme de prendre ainsi une voie pour l'autre, qu'il
est passé à l'état de proverbe de dire : *Errare humanum est.* —
Quelle est donc la nature de l'erreur ? Telle sera la première question que nous avons à nous poser. Quelles sont les causes

principales de l'erreur ? tel sera le second problème que nous aurons à résoudre, et dont la solution viendra compléter les conclusions auxquelles nous serons arrivés sur le premier point.

2º. Bossuet définit l'erreur « ce qui n'est pas »; mais d'autre part, comme dit Malebranche « le néant n'est pas intelligible ». Nous ne pouvons donc pas penser « ce qui n'est pas », absolument parlant : il serait plus exact de dire que l'erreur résulte d'un rapport inadéquat entre l'esprit et la réalité, c'est-à-dire qu'elle est une vérité incomplète. C'est ce qui explique que celui qui se trompe croie savoir, car il sait en réalité quelque chose, mais il ne sait pas tout ce qu'il faut savoir pour la question qu'il s'agit de résoudre; nos facultés ne peuvent nous tromper dans leur usage normal et dans le domaine où elles doivent s'exercer d'après les lois que leur a imposées la nature de notre esprit; mais l'erreur commence lorsque nous leur demandons plus ou autre chose que ce qu'elles sont capables de nous donner. De ce que nous voyons clairement tel point de vue de la vérité, nous nous hasardons à affirmer au delà, et à dépasser dans nos affirmations les limites du résultat acquis, et alors nous nous trompons.

B. 3º *Causes principales de l'erreur.* — L'erreur consiste donc dans une disproportion entre les acquisitions légitimes de notre esprit, et les affirmations que nous formulons, et pour lesquelles nous n'avons pas actuellement les matériaux nécessaires. Cette disproportion peut avoir deux sources : ou bien le besoin impérieux de connaître mieux et davantage, et l'impatience d'un esprit généreux et passionné pour le vrai, enfermé dans des limites trop étroites; dans ce cas, l'erreur prend le nom de *paralogisme.* Ou bien l'erreur vient de l'amour-propre (mal placé), de l'orgueil : nous voulons paraître savoir plus que ce que nous savons en réalité, et alors nous ne nous trompons pas seulement nous-mêmes, nous n'hésitons pas encore à tromper autrui ; ces sortes d'erreurs s'appellent *sophismes.*

4º Donc l'erreur peut avoir deux sortes de causes: *logiques, morales.* Les causes logiques sont faciles à signaler, sinon à supprimer, car le redressement des erreurs et la conquête de la vérité ne se font que grâce à de laborieux efforts : ce sont les fautes de raisonnement, déductif ou inductif, et quelque vice caché de méthode, c'est-à-dire d'analyse ou de synthèse.

5º Les causes morales sont l'orgueil, la vanité, l'envie de compter parmi les esprits ingénieux ou rares, de briller et de nous distinguer au milieu de nos égaux, autrement que par l'effort sincère de la pensée uniquement préoccupée de la recherche du vrai. Il faut signaler aussi une autre cause morale, l'indifférence pour la vérité, l'apathie et la paresse, dont plus d'un d'entre nous est responsable. C'est ainsi que nous jugeons trop souvent avec nos préjugés, nos passions, et que nous nous délivrerions d'un grand nombre d'erreurs, si nous avions le courage d'extirper de notre âme tant de sources d'aveuglement. (Voir le profond chapitre de Nicole, dans l'Art de penser, sur les sophismes d'amour-propre, d'intérêt, de passion). Nous rapportons aussi souvent nos jugements à l'autorité de certaines personnes, de certains auteurs qui nous en imposent, etc. L'homme qui cherche sincèrement et de toutes ses forces la vérité, devra débarrasser préalablement son cœur de toute passion, de toute préférence secrète ; faute de quoi il « n'enfantera, comme dit Pascal, que des chimères au prix de la réalité des choses ». — Toutes les fois que nous n'avons pas fait ces efforts sincères, nous sommes responsables de nos erreurs dans la mesure où nous avons failli, et où notre volonté pouvait ne pas faillir.

6° *Conclusion.* Il est donc important de faire dans l'erreur la place à l'intelligence et à la volonté. L'intelligence est faite pour chercher le vrai, sans espérer cependant l'atteindre absolument ; mais elle doit y travailler et pour cela la volonté doit s'unir à elle par toute son énergie et sa persévérance, parce que le vrai est intimement uni au bien, et que les progrès intellectuels sont la condition du perfectionnement moral de l'humanité.

E. G. D.

455. — *Examiner les principaux sophismes. Donner des exemples.*
(13 juillet 1885.)

PLAN

I. — 1° Il y a plusieurs sortes d'erreurs : les erreurs *directes* que Stuart-Mill appelle erreurs de *simple inspection* ou *jugements faux*, ce sont les erreurs proprement dites ; les erreurs *indirectes* ou de *raisonnement*, auxquelles est réservé le nom de *sophismes*. On appelle donc sophisme une affirmation fausse motivée par des raisons qu'on croit pouvoir prouver, et qui se présentent avec des formes plus ou moins rigoureuses.

2° Le même raisonnement faux s'appelle *sophisme* ou *paralo-*

gisme, selon qu'il est énoncé par un esprit qui n'en est pas dupe et qui cherche à tromper les autres, ou que celui qui l'énonce est de bonne foi et est dupe tout le premier.

3° On peut classer les sophismes de la manière suivante :

II. — A. *Sophismes par preuve indistincte.* — Ils consistent dans une apparence de raison, qui n'est souvent qu'une confusion plus ou moins grossière. Exemple : Les liqueurs fortes fortifient. Ce sont en définitive des équivoques fondées sur des associations d'idées toutes superficielles. — Stuart-Mill donne d'innombrables exemples de ces sortes de sophismes.

B. *Sophismes par preuve distincte*, dans lesquels il y a une raison, mais une raison fausse. Deux groupes à considérer : sophismes de déduction, sophismes d'induction.

1° *Sophismes déductifs.* — On appelle ainsi tout syllogisme dans lequel des règles relatives aux termes, ou l'une de celles qui régissent les propositions est violée. Il faut alors mettre le raisonnement sous sa forme la plus rigoureuse, puis examiner successivement les deux prémisses, et voir si on peut les accorder. Le plus souvent l'erreur consiste a conclure de *quelques* à *tous*, ou bien le moyen terme n'est pas pris universellement. A cette catégorie de sophismes se rattache le cas d'*igoratio elenchi* (Ignorance du sujet. Port-Royal) : ce sophisme consiste à perdre de vue la question, et si l'on met en forme le raisonnement on s'aperçoit que le sujet ne figure pas dans le raisonnement. Ex : Un avocat voulant faire condamner quelqu'un accusé de parricide, et s'indignant contre le crime au lieu de le prouver.

2° *Sophismes inductifs.* — Ils proviennent de l'absence ou de l'insuffisance des observations, ou de généralisations trop hâtives. Le moyen de s'en préserver est de se conformer strictement aux lois de l'observation et à celles de l'expérience. Exemple : La prodigalité fait aller le commerce. — Erreur grossière, car si un certain nombre d'industries sont favorisées, d'autres le seraient aussi bien, et de plus l'argent serait employé utilement.

III. — Les sophismes sont plus aisés à éviter que les erreurs de simple inspection ; car il est toujours plus facile de prendre en défaut le raisonnement discursif, et de voir d'où vient le mal en examinant le mécanisme formel de la pensée, que de ne pas se tromper sur les *data* de la connaissance.

                                                      E. G. D.

472. Peut-on dire avec certains philosophes qu'il existe en nous un sens moral ? — Faire la critique de cette expression. (23 novembre 1886.)

PLAN

1° Le philosophe écossais Hutcheson déclare qu'il existe en nous un « sens moral », c'est-à-dire une « détermination à approuver les affections, les actions, ou les caractères des êtres raisonnables, qu'on nomme vertueux » (Recherche sur les idées du beau et du bien, préface de la 4e édition). Les expressions sont assurément un peu vagues ; toutefois il n'est pas possible de confondre un instant ce sens moral avec les sens corporels, d'avec lesquels du reste Hutcheson prend la peine de le distinguer expressément. « Que la conception du bien et du mal moral qui revient à ce sens, dit-il, diffère essentiellement de celle du bien matériel, c'est ce dont chacun peut se convaincre en réfléchissant aux différentes manières dont il est affecté par ces objets. »

2° Les caractères que Hutcheson attribue à cette faculté par laquelle nous percevons le bien, sont les suivants : (a) elle est instinctive ou primitive : Dieu nous pousse ainsi à la vertu par une impulsion puissante ; ce n'est que peu à peu, il est vrai, et par un travail de réflexion, que nous arrivons à nous former des idées nettes dans l'ordre moral, et à pouvoir juger les actes humains : mais nous sentons en même temps que ce n'est pas seulement à l'instruction et à l'éducation que nous devons ce sens moral, et qu'il n'est qu'une disposition première développée par l'exercice. — (b) Le sens moral est en outre universel. « Voyez, dit encore notre philosophe, si jamais quelqu'un en a été dépourvu… »

3° Mais ce sens moral, dont l'existence est ainsi affirmée, en quoi consiste-t-il ? Dans une bienveillance, naturelle à tout homme, parce que nous sommes des êtres essentiellement faits pour la société (Ζῶον πολιτικόν, Aristote) : tel est le contenu réel que met Hutcheson dans ce terme assurément un peu vague et qui a besoin d'être précisé.

4° La critique de la doctrine ainsi caractérisée consiste en plusieurs objections ; A. Une telle morale ne laisse pas place aux devoirs individuels ; — B. Les devoirs envers Dieu sont ramenés à un amour mystique voisin du quiétisme de Fénelon ; or il y a les plus grands dangers à faire du sentiment le principe dominant de la vie morale, au lieu d'en laisser la conduite à la raison, à laquelle elle appartient. — C. Quant aux devoirs sociaux, ils ont, eux aussi, un autre principe que le sentiment : car le sentiment n'est pas un principe, mais la *conséquence d'un principe*. Un acte en effet n'est pas bon parce qu'il est conforme à un sentiment de bienveillance, mais il est conforme à ce sentiment de bienveillance parce qu'il est bon; c'est donc une autre faculté que nous devons prendre pour juge de la valeur des actes moraux.

5º *Conclusion*. — L'expression de sens moral est vague, et le contenu que lui donne Hutcheson (la bienveillance) ne saurait être considéré comme un principe moral suffisant. Il faut ajouter en effet au sentiment la raison au sens où l'entend Kant (raison pratique), qui nous fait concevoir *a priori* les notions de bien et de mal, de loi morale, de devoir, d'obligation, etc. C'est la réunion du sentiment, des notions morales fournies par la raison pratique, et de la volonté qui nous fait vouloir la réalisation du bien, que l'on appelle *conscience morale*, et cette faculté doit remplacer le *sens moral* de Hutcheson.

E. G. D.

490-50. — *Nature du plaisir.* — *Son rôle dans la vie intellectuelle et morale.* (22 mars 1888-19 novembre 1887.)

DÉVELOPPEMENT

Le plaisir est un des phénomènes les plus familiers, les plus fréquents dans la vie humaine, et cependant il en est peu sur la nature desquels on ait discuté davantage, et l'on discute plus encore aujourd'hui. A première vue, il semble que ce soit un fait simple, premier et irréductible de notre vie psychologique, et que chacun de nous puisse connaître clairement, par l'analyse la plus simple des états qu'il éprouve, la nature du plaisir : en réalité, les philosophes ne sont pas d'accord sur ce point, *et adhuc sub judice lis est.*

La première difficulté est de savoir si le plaisir, comme le prétendent plusieurs philosophes (Epicure, Cardan, Kant), n'est qu'un fait négatif, simple cessation de la douleur, ou si c'est lui au contraire qui est un acte positif, dont la privation ou l'absence serait alors la douleur (c'est l'opinion des spiritualistes, et en particulier d'Aristote, de Descartes, de Leibniz, Hamilton, de M. F. Bouillier).

La première opinion n'est réellement pas soutenable. En effet : 1º il est vrai qu'il y a des plaisirs qui naissent de douleurs (par exemple le calme qu'on ressent après un accès de fièvre, le soulagement qu'éprouve Socrate lorsque, quelques heures avant de boire la ciguë, on lui retire les fers qui meurtrissaient ses membres) ; mais il faut avouer aussi qu'il y a un grand nombre de plaisirs qui ne naissent nullement de souffrances, et Platon montre très bien dans le Philèbe que le plaisir du beau, ceux que nous procurent les odeurs, les sons, les couleurs agréables... sont dans ce cas. — 2° Si tout plaisir succédait à une douleur, il ne pourrait y avoir deux plaisirs consécutifs, et l'expérience de tous les jours montre le contraire. — 3° Dans l'hypothèse dont il s'agit, un plaisir ne devrait avoir aucune durée, et il devrait être renfermé tout entier dans un moment indivisible du temps, sinon, en durant, il peut être décomposé en éléments de plaisirs successifs. — 4° Non seulement tous les plaisirs ne résultent pas de douleurs, mais il y a des douleurs qui n'ont d'autre raison d'être et d'autre essence, que la cessation de certains plaisirs : en sorte qu'on peut dire que les deux phénomènes sont, selon les circonstances, relatifs l'un et l'autre. C'est donc une question oiseuse que de se demander lequel des deux phénomènes, plaisir et douleur, est positif, et lequel négatif : en réalité ils sont l'un et l'autre relatifs à des tendances, à des inclinations primitives que la nature a mises en nous, et dont la satisfaction ou la non-satisfaction, selon les circonstances favorables ou défavorables, engendrent le plaisir ou la douleur. — Nous pouvons donc définir le plaisir « une émotion de l'âme résultant de la satisfaction d'une inclination primitive » ; et comme ces inclinations sont les prédispositions et les tendances, en quelque sorte instinctives, de notre sensibilité, nous pouvons dire que le plaisir est le signe et la marque d'une fin de notre être réalisée. — Nous n'ajouterons pas grand'chose à cette détermination de la nature du plaisir, en indiquant ses caractères *intrinsèques* et ses caractères *extrinsèques* : ses caractères intrinsèques sont l'intensité, la durée, la pureté, et la simplicité ou complexité. Quant aux caractères extrinsèques, ce sont ceux qui appartiennent au plaisir suivant les objets auxquels il se rapporte : or il y a à ce point de vue des plaisirs très différents, les uns appartenant à la vie organique, les autres à la vie intellectuelle et morale ; et les divers plaisirs forment ainsi une hiérarchie, depuis les plaisirs les plus inférieurs et les plus grossiers de la vie animale, jusqu'aux jouissances nobles et élevées de l'intelligence et du cœur. Nous sommes ainsi amenés tout naturellement à nous poser cette question : quel est le rôle du plaisir dans la vie intellectuelle et morale ?

Non seulement le plaisir est le stimulant naturel et en quelque sorte obligé des actes de la vie physique, mais il est encore un puissant auxiliaire pour la science et la moralité. L'homme a naturellement une tendance à connaître, une curiosité instinctive qui se répand partout et s'exerce toujours ; toutes les fois que cette curiosité est satisfaite, nous éprouvons une satisfaction, qui a pour caractère propre et distinctif d'être absolument désintéressée; bien plus, il n'est pas nécessaire que notre curiosité atteigne son but, pourvu qu'elle s'exerce, pourvu que nous fassions l'essai de nos forces intellectuelles, pourvu que nous cherchions même sans trouver, nous éprouvons un plaisir très réel, très vif, et que connaissent bien tous ceux qui pensent par eux-mêmes et qui méditent tant soit peu. En tout cas, que nous connaissions par nous-mêmes, comme il arrive par l'investigation scientifique, ou que nous nous instruisions de la science d'autrui, par exemple en étudiant l'histoire, nous éprouvons une jouissance infinie en sentant que notre esprit gagne en valeur, en étendue, en expérience ; nous jouissons de notre conquête intellectuelle, nous nous y complaisons, et c'est là le juste prix et la digne récompense de nos efforts. C'est là un *ordre de grandeur*, comme parle Pascal ; est-ce le plus élevé, et les joies de l'intelligence doivent-elles passer avant celles du cœur ? Faut-il aller jusqu'à dire, avec Montesquieu, qu'il n'est point de chagrin qu'une heure de lecture ne puisse dissiper ? non certes ; mais il n'en reste pas moins vrai que l'étude est une source de hautes et nobles jouissances, et aussi de consolations dans les afflictions de la vie, ainsi que le dit Cicéron : « *Litterarum studia... in asperis rebus solatium præbent,* » parce que c'est l'un des meilleurs usages que nous puissions faire de nos forces et de notre vie. « Il y a quelque chose qui vaut mieux que les jouissances matérielles, que la fortune, mieux que la santé elle-même, c'est le dévouement à la science » (Aug. Thierry, *Dix ans d'études historiques,* préface).

De même, à la conduite honnête et vertueuse, à la pratique constante du bien, est attaché tout un ordre de jouissances supérieures : la satisfaction qui résulte du devoir accompli est la plus élevée assurément de toutes celles qu'il soit donné à l'homme de ressentir, et elle est en même temps absolument pure et sans mélange. Les plaisirs sensuels en effet, sont vains et illusoires, toujours, mêlés d'inquiétudes et d'amertume, et laissent après eux dans l'âme un vide, une sorte d'abattement et d'affaissement : rappelons-nous ce qu'on dit si justement Lucrèce,

> ....*medio de fonte leporum*
> *Surgit amari aliquid, quod in ipsis floribus angat.*

Les plaisirs de la pensée même ne sont pas sans quelque mélange d'inquiétude et de tourments, quoique d'une autre nature : alors même que la méditation et l'effort ont atteint quelque résultat, l'esprit souffre encore de n'avoir pu faire davantage, et il sent son impuissance en face de l'énigme éternelle qu'il ne peut résoudre. Mais ici, rien de tel : les joies de la conscience sont entières, sans mélange, parce que la pratique du devoir est toujours à notre portée, que c'est une chose « qui dépend de nous » (καθ' ἡμῶν) comme disaient les stoïciens. Et ainsi l'homme vertueux sera toujours heureux, parce qu'il trouve toujours en lui-même son propre bonheur. « L'homme vertueux, dit Aristote, est celui qui prend plaisir à faire des actes de vertu. »

Cependant, il faut bien comprendre la place qui doit être réservée au plaisir dans la vie intellectuelle et morale. Il ne faut pas en faire la fin suprême, à l'égard de laquelle la science et la vertu ne seraient que des moyens; ce serait là du dilettantisme, et dans ces conditions on n'aurait plus ni science ni vertu véritables, mais seulement ce qui n'en serait que la vaine ombre et l'indigne imitation : le plaisir ne doit être considéré que comme le *couronnement*, l'*achèvement* de l'activité, comme dit Aristote. Et ainsi la recherche de la science et la pratique de la vertu sont considérées à la fois comme la dignité de notre nature et comme la source de notre bonheur.

E. G. D.

520-705. *La croyance à l'immortalité de l'âme enlève-t-elle à la vertu son désintéressement et son mérite ?* (10 novembre 1886.)

PLAN

I. *Nature de la vertu.* — La vertu est la conformité de la conduite à la loi morale ; c'est l'accomplissement du devoir, qui n'est lui-même que l'obligation d'agir suivant la loi. Or la loi morale s'adresse à la conscience humaine sous la forme d'un commandement absolu, d'un impératif catégorique (Kant) : Fais le bien, parce que c'est le bien, sans te préoccuper des conséquences extérieures qui peuvent en résulter. « Fais ce que dois, advienne que pourra. » voilà le précepte moral. La vertu est par là absolument *désintéressée*.

Par suite, l'acte vertueux portant sa valeur en lui-même et étant une fin en soi, le progrès dans la vertu manifeste un accroissement de valeur de la personne morale, c'est-à-dire le mérite ; la vertu est donc aussi *méritoire*, et c'est là son second caractère.

II. — La perspective des sanctions, et en particulier des récompenses de la vie future, rend-elle la vertu moins désintéressée ? Si telle est la nature de la vertu, à quoi bon alors les sanctions ? — On appelle *sanctions*, en parlant des lois positives « l'ensemble des peines ou des récompenses attachées à l'exécution ou à la violation de la loi » (M. Janet, morale) ; dès lors, dit-on, en appliquant une telle conception à la loi morale, l'acte vertueux court grand risque de n'être plus accompli pour lui-même, mais pour les sanctions qui en seront les conséquences : cette perspective altère la pureté de la conception du devoir, et la croyance à l'immortalité de l'âme elle-même, la plus belle et la plus élevée cependant dans la nature humaine, a le tort d'enlever à la vertu son caractère méritoire et désintéressé.

III. — Réponse : *Identité du bonheur avec la vertu.* — Une telle objection résulte de la conception fausse du bonheur dans la vie future : il ne faut pas croire que le bonheur que doit nous procurer l'immortalité de l'âme soit un ensemble de jouissances extérieures à la vertu, et d'une autre nature qu'elle, qui viennent s'y ajouter en sus, comme une sorte de prix décerné au mérite par la Justice divine. La prétendue conciliation du stoïcisme, qui considère la vertu seule, et de l'épicuréisme, qui ne s'attache qu'au bonheur, et la réunion de ces deux facteurs distincts dans une harmonie future, est une fausse manière de concevoir la sanction de l'immortalité. La sanction de la vertu ne saurait être que la conséquence naturelle des actes, contenue dans l'exécution même de la loi ; le mot de *récompense* de la vertu ne doit donc pas être entendu à la lettre, car la vertu est à elle-même sa propre récompense. Comprendre autrement la sanction, c'est altérer la pureté de la conception du devoir ; la vertu ne serait plus, dès lors, qu'un moyen de gagner le bonheur, un placement à gros intérêts de sacrifices qui ne seraient plus, par conséquent, des sacrifices. On voit tomber sous ce reproche le fameux argument du *part* de

Pascal, conseillant de risquer la porte de la vie actuelle, qui est peu de chose après tout, comme enjeu contre une éternité bienheureuse ; le jeu « à croix ou pile ».

Disons donc, non pas avec Kant que la vertu est digne du bonheur, mais avec les stoïciens : « La vertu n'est autre que le bonheur » ; répétons avec Spinosa : « La béatitude n'est pas la récompense de la vertu, mais la vertu même. » Ajoutons que, pour qu'il en soit ainsi, la vie future est nécessaire ; car, dans la vie actuelle, l'homme qui tend à réaliser de toutes ses forces l'idéal de la vertu en est empêché par mille obstacles. Cet idéal pour lequel il a tant travaillé, tant peiné, tant souffert, il a droit à jouir enfin de sa réalisation sans que plus rien puisse l'en priver : l'affranchissement définitif de la liberté élaboré dans cette vie, réalisé dans l'autre, c'est-à-dire la *sainteté*, voilà ce que nous pouvons espérer dans la vie immortelle. La vertu n'est pas rendue par là moins méritoire et moins désintéressée, puisque c'est alors seulement qu'elle a toute sa valeur et tout son prix.

E. G. D.

529. — *Que vaut moralement cette excuse souvent alléguée :*
« *Je ne fais de mal qu'à moi-même ?* » (17 novembre 1888.)

DÉVELOPPEMENT

La Morale nous enseigne que tous les membres de la société sont solidaires jusqu'à un certain point, qu'ils ont besoin les uns des autres, et que, par suite, il en résulte qu'ils ont entre eux des devoirs réciproques qu'ils sont tenus de remplir, et que personne ne peut se considérer comme absolument indépendant des autres hommes. Comment d'ailleurs pouvons-nous être sûrs que nous ne nuisons qu'à nous-mêmes, toutes les fois que nous avons enfreint les préceptes de la morale, et que nous avons commis des actes répréhensibles ? Examinons dans quelles conditions nous vivons dans la société qui nous entoure. Enfants, nous faisons d'abord partie de la famille, nous sommes soumis à la volonté, à la direction, à la surveillance de nos parents ; si nous voulons nous y soustraire, nous sommes victimes de notre inexpérience, nous nous portons préjudice, nous sommes punis les premiers, il est vrai, de nos actes coupables, mais ces actes n'atteignent-ils pas en même temps ceux qui ont autorité sur nous, qui nous protégent de leur expérience et de leur affection, qui font

pour nous des sacrifices, qui voient enfin se dissiper peu à peu les
espérances qu'ils fondaient sur notre avenir ? Nous leur portons
donc un préjudice matériel, tout en brisant par l'abus que nous
avons fait de leur affection le lien qui les attachait à nous. A côté
de nos parents, sont nos amis, unis à nous par des liens moins
étroits, mais réels cependant, qui nous font comme une seconde
parenté, et que nous affligeons par le spectacle de notre incon-
duite et de nos désordres.

D'un autre côté ces actes que nous commettons retombent souvent aussi sur d'autres que nous-mêmes. Si nous commettons
une injustice, c'est envers quelqu'un ; nous violons la morale de
deux façons, en allant d'abord contre les devoirs qu'elle nous
impose, ensuite en portant atteinte aux intérêts d'autrui. Il est
bien difficile, en effet, que nos actes ne s'étendent pas au delà de
nos propres intérêts et n'atteignent pas quelqu'un de nos semblables par quelque côté.

L'idée exagérée que nous avons de nos droits et de notre liberté,
l'idée trop confuse que nous avons de la plupart de nos devoirs
nous entraîne à de faux raisonnements d'abord, puis à des actes
plus ou moins coupables. Si je dissipe en folles dépenses une fortune que m'ont léguée mes parents, je cherche à calmer les reproches de ma conscience par cette excuse : « Je ne fais de mal qu'à
moi-même » ; mais je n'en suis pas moins convaincu au fond que
cette fortune représente le travail, l'économie de plusieurs géné-
rations, que j'en devais faire un meilleur usage, et la transmettre
de la même façon à la génération suivante, augmentée du fruit de
mon propre travail. C'est comme un édifice auquel chaque mem-
bre d'une même famille aura apporté sa pierre, plus ou moins
péniblement. Je serai cause peut-être que cette famille après moi
perdra la place qu'elle devait occuper dans l'échelle sociale.

Je suis las de l'existence, je plie sous le poids de mes méfaits,
et je veux sortir de la vie sous prétexte encore que j'en suis libre,
qu'en cela au moins je ne blesse aucun intérêt. — C'est nous faire
juge dans notre propre cause, c'est vouloir nous soustraire à tout
ce que la société a aussi le droit d'exiger de nous ; car nous
étions doué d'intelligence, de volonté, de santé, nous avions reçu
tout ce qui peut faire un homme utile, et nous avons foulé aux
pieds tous ces avantages, nous avons promené par le monde
notre paresse et nos vices ; nous avons été des artisans de scan-
dale, et par là encore nous avons porté préjudice à la société :

nous l'avons privée des services qu'elle était en droit d'attendre
de nous, nous avons autorisé, par notre exemple, des intelli-
gences peu développées à confondre le bien et le mal, et nous
avons ainsi encouru la responsabilité des actes qui en seront la
conséquence. Il est donc impossible de nous soustraire à quelques-
uns de nos devoirs sans manquer, non seulement à ce que nous
nous devons à nous-mêmes, mais encore à ce que nous devons à
la société, sous quelque forme que nous l'envisagions.

Au point de vue purement social, nous ne nous appartenons
pas à nous-mêmes, nous appartenons à la famille d'abord, dont
nous devons respecter les intérêts, la dignité et l'avenir; nous appartenons ensuite à l'État, que nous devons servir dans la limite du
possible, matériellement, moralement et intellectuellement : matériellement, par notre travail; moralement, par notre exemple ;
intellectuellement, par la part que nous pouvons prendre, quelque modeste qu'elle soit, à la direction de nos semblables. — Il
n'y a point d'État qui ne s'honore de ses grands écrivains, de ses
grands capitaines, et de tous ceux qui se sont illustrés par quelques découvertes utiles; car très vaste est le champ dans lequel
nous pouvons exercer nos facultés. Négliger leur développement,
c'est donc priver l'État des services que nous pouvions, que nous
devions lui rendre, c'est nous condamner volontairement à ne
compter pour rien en ce monde, et nous réduire à répéter en nous
l'appliquant ce vers d'Horace :

Nos, numerus sumus et fruges consumere nati,

mais c'est aussi retirer à la société, à l'État, une part de ses forces
intellectuelles, si nous pouvions de ce côté, lui payer notre
tribut.

Si nous considérons un instant les grands coupables qui pro-
mènent leurs crimes d'un lieu à l'autre, qui n'ont plus d'autre
patrie que la patrie d'origine, nous verrons que la société ne s'en
désintéresse pas : elle rougit de les compter dans son sein, et
chacun se trouve heureux de n'être ni le parent, ni l'ami, ni même
le compatriote d'un criminel. C'est ce qui se passe chaque jour ; il
semble que le crime de l'un rejaillit sur l'autre, quand le criminel a
vécu de la même vie, qu'il a respiré le même air, qu'il a été formé
d'après les mêmes principes de morale. Nous sentons donc
plus vivement alors le lien étroit de solidarité qui existe entre les
hommes : ne dit-on pas de certains personnages qu'ils sont le

déshonneur de l'humanité, pour bien établir que leurs méfaits ou leurs crimes retombent un peu sur les autres hommes, que l'on en peut également supposer capables ?

Il y a encore d'autres circonstances dans lesquelles l'homme peut porter un grand préjudice à quelques-uns de ses semblables. Supposons un magistrat qui a manqué à l'un des devoirs les plus sacrés de sa profession, qui a divulgué les secrets de ceux qui les lui avaient confiés, qui a dissipé une fortune dont il avait la gestion, qui a scandalisé par une vie de désordres ceux auxquels il devait l'exemple de la droiture et de la correction, les reproches ne s'arrêteront pas à lui seul, ils s'étendront souvent à ceux qui exercent la même profession ; de là, le sophisme : *Ab uno disce omnes.*

Nous avons le plus souvent une fausse idée de nos droits et de notre liberté, nous en exagérons la portée, sans considérer en même temps les devoirs nombreux et variés qui en sont la conséquence. Nous sommes libres de faire le bien comme de faire le mal, mais dans ce dernier cas, nous ne portons pas préjudice à nous seul, nous violons les droits de la famille et de la société, selon la place que nous y occupons.

J. M.

544. — *Du droit en Morale.* — *Dans quel rapport sont entre elles, selon vous, les notions du droit et du devoir ? Donner des exemples.* (21 novembre 1887.)

DÉVELOPPEMENT

Il y a en Morale deux notions étroitement associées entre elles, qui s'impliquent et se supposent réciproquement, l'une étant ordinairement opposée à l'autre : ce sont l'idée du devoir et l'idée du droit. Le devoir, c'est l'obligation pour l'homme, être essentiellement moral, de conformer sa conduite à la loi du bien ; c'est, comme dit Kant, une « nécessité consentie », c'est-à-dire une nécessité conçue par la raison (il faut que je fasse le bien), et consentie par la liberté (je conforme ma conduite à la loi, parce que je le veux). Le droit, c'est le « pouvoir moral », selon la belle expression de Leibniz, appartenant naturellement à un être raisonnable et libre ; c'est le caractère inviolable attaché à la personne, en tant que personne. L'homme en effet, seul de tous les autres êtres, a des droits ; l'animal n'en a pas, parce qu'il n'est qu'une chose, c'est-

à-dire un moyen, un instrument au service de l'homme, que celui-ci peut s'approprier, et dont il peut tirer parti à son gré, pour
le faire servir aux fins supérieures de la civilisation, de l'industrie,
du progrès. C'est pourquoi l'homme n'a aucun scrupule à tuer les
animaux nécessaires à son alimentation ou à ses besoins ; d'en
asservir d'autres pour les employer au trait, au labour, ou comme
montures; d'en dépouiller certains autres enfin des richesses naturelles ou accumulées par leur travail ; comme de prendre au
mouton sa laine, à l'abeille son miel, etc.

Nous pouvons donc définir le droit : « l'inviolabilité de la personne morale, pour lui rendre possible l'accomplissement du devoir ». Par là se trouve énoncée la subordination complète de
l'idée du droit à celle du devoir. En réalité même cette dépendance
de l'idée du droit à l'égard du devoir est double : le droit suppose
en effet dans la personne qui en jouit, et qui peut en revendiquer
le bénéfice, la faculté de concevoir une loi immuable et absolue
de conduite, et une volonté capable de se soumettre de son plein
gré au commandement formel, à l'impératif catégorique de cette
loi ; en d'autres termes, cette personne n'a de droits que parce
qu'elle a des devoirs. Et d'autre part, l'idée du droit qu'a un individu moral à être respecté suppose que pour d'autres êtres c'est
un devoir de respecter ces droits. Par exemple, j'ai le droit d'être
respecté dans l'exercice de ma liberté individuelle (principe d'ha-
beas corpus, dans la constitution anglaise) c'est-à-dire j'ai le droit
d'aller et venir à mon gré, à la condition de ne pas empiéter sur
la liberté de mes semblables; j'ai le droit d'acquérir par mon travail, de conserver les richesses, de quelque nature qu'elles soient,
que j'ai ainsi amassées; j'ai le droit d'en disposer, soit par donation
dans le présent, soit par testament pour l'avenir ; j'ai le droit de
penser ce qui me paraît être la vérité, en matière politique, en matière religieuse (liberté de conscience); j'ai le droit d'exprimer
librement, soit par la parole, soit par la plume, mes opinions (liberté
de réunion, liberté de la presse) ; j'ai le droit de défendre, par les
moyens les plus appropriés, et ma vie et ma réputation, etc. Pourquoi? Parce que ce sont là ou les conditions du devoir à accomplir, ou les résultats du devoir accompli ; parce que ce sont là les
éléments constituants de ma personnalité morale ou son extension
et son expansion légitime, et que porter une main coupable sur
l'un ou l'autre de ces droits, ce serait me traiter comme un simple
moyen, non comme une fin en soi, pour reproduire les fortes ex-

pressions de Kant, c'est-à-dire comme un être qui porte en lui-même la raison de sa valeur incontestable et de son inaliénable dignité. Dire ainsi « J'ai le droit d'être respecté », c'est une autre façon de marquer que mes semblables ont le devoir de me respecter.

Cette corrélation étroite du droit chez un être moral avec les devoirs que ses semblables ont envers lui, sert de fondement à une distinction importante entre les devoirs auxquels correspond toujours quelque droit chez l'être qui en est l'objet, et ceux qui ne correspondent à aucun droit : les premiers sont les *devoirs de justice*, les autres les devoirs de *charité*. C'est une stricte justice en effet qui m'oblige à respecter la propriété d'autrui, à lui payer par exemple une dette que j'ai contractée envers lui, et il a rigoureusement droit à ce que je me conduise ainsi à son égard ; mais si le même homme, envers qui je suis absolument quitte au point de vue de la justice, tombe dans le malheur et la misère, il ne saurait invoquer aucun droit à être secouru par moi. Ce n'en est pas moins un devoir sacré pour moi de l'aider dans sa détresse, dans la mesure ou cela m'est possible ; et je suis au moins aussi coupable d'y manquer que si j'avais manqué à mes devoirs de justice envers lui. On objecte que les lois positives ne m'obligent pourtant pas à accomplir ces devoirs ; j'en conviens, mais aussi les lois positives n'ont rien à faire ici, parce que les limites de leur domaine sont exactement celles du domaine du droit : là où finit le droit strict, là aussi expire l'autorité et la raison d'être des lois humaines. La question du devoir se pose dès lors au fond le plus intime de la conscience, dans le sanctuaire caché où s'élaborent les dévouements sublimes et les sacrifices héroïques.

Il ressort de tout ce que nous venons de dire que, s'il y a des devoirs auxquels ne correspondent pas des droits, il y n'a pas, par contre, de droits qui ne touchent de toutes parts à la notion du devoir. Des moralistes savants et profonds ont contesté la dépendance absolue du droit à l'égard du devoir et ne seraient pas plus disposés à admettre la subordination du devoir au droit : pour eux, l'une et l'autre notion reposent sur un même fondement, la dignité de l'être humain, responsable de sa propre destinée. Il est vrai que ce sont là deux manifestations très distinctes du prix infini qui s'attache à la personne humaine, mais il semble impossible néanmoins de ne pas faire consister toute la dignité de l'homme dans le fait d'être lui-même l'artisan de sa destinée, car il n'existe que pour

le devoir, et il n'est respectable que s'il a en soi quelque chose
qui mérite d'être respecté, c'est-à-dire sa bonne volonté.

Il y a plus : cette prétention de constituer la notion du droit indépendamment de celle du devoir pourrait exposer ceux qui la
soutiennent à de graves erreurs et à des dangers qui méritent
d'être signalés. Si le droit n'est pas, en effet, comme nous avons
essayé de le faire voir, une conséquence et comme un corollaire du
devoir, quel domaine lui assignera-t-on ? jusqu'à quelles limites
pourra-t-il s'étendre ? comment le distinguera-t-on du besoin, de
la force, de l'utilité ? En vertu de quel principe dira-t-on au malheureux qui a faim, et qui est tenté de se procurer par le vol ce
que son travail n'a pu lui donner : « Tu n'as pas le droit de prendre ce qui appartient à autrui »? Il ne comprendra pas pourquoi
et il aura cent bonnes raisons à faire valoir pour soutenir ce qu'il
croira être son droit : « Ce boulanger est riche, il a moins besoin
que lui, il ne souffre pas de la faim comme lui et les siens », etc.
Que lui répondre, sinon qu'il a le devoir de respecter la propriété
d'autrui, et que cette propriété est respectable précisément parce
qu'elle est le fruit légitime du travail, c'est-à-dire du devoir accompli ? — Les arguments sont les mêmes à l'égard de la doctrine qui
identifie le droit et la force : c'est la doctrine de Hobbes, de Spinosa, de Pascal dans son amer scepticisme. Or la force sera presque infailliblement mise au service du besoin, si la notion du devoir ne vient pas protester hautement ; en vain nous dit,on que
« la force prime le droit », que

> « La raison du plus fort est toujours la meilleure »,

nous répondons que c'est là le fait, non le droit, ce qui est, non
ce qui doit être ; nous sentons une révolte au fond de nous-
mêmes contre ces maximes brutales et, avec une confiance inalté-
rable dans le caractère sacré du droit, nous nous disons que,
quand même la force opprime momentanément le droit, quand
même la puissance physique usurpe la place du pouvoir moral,
celui-ci doit toujours inévitablement triompher ; la victoire de la
force brutale ne peut être qu'éphémère, et elle ne peut prévaloir
contre le droit qui est éternel : tôt ou tard, celui-ci reprend sa
place et son pouvoir souverain, et se sert à son tour de la force,
en la subordonnant aux fins supérieures de la moralité. En sorte
que l'idéal de l'humanité serait une république de personnes uniquement préoccupées de leur perfectionnement moral et sou-

cieuses de conserver à l'égard les unes des autres le respect
qu'elles se doivent. Que de progrès seraient accomplis, et de combien d'autres ceux-ci seraient la promesse, le jour où chacun serait convaincu que l'homme est chose sacrée pour l'homme, —
homo homini res sacra.

E. G. D.

550. — *Expliquer et développer par quelques exemples la maxime latine : « Summum jus, summa injuria ».* (23 juillet 1886.)

PLAN

1° On divise en morale les devoirs sociaux en deux catégories :
devoirs de justice, devoirs de charité ; les premiers rigoureusement obligatoires et stricts, les seconds larges. Cette distinction
est juste, à condition qu'on ne la pousse pas trop loin et qu'on
ne sépare pas absolument, comme on est tenté quelquefois de le
faire, les devoirs de justice et les devoirs de charité. Il y a en
effet les plus grands inconvénients à dresser ainsi une barrière
entre ces deux ordres de devoirs, à en faire comme deux domaines absolument distincts dans la morale ; et, pour vouloir déterminer trop rigoureusement les limites des devoirs stricts, mesurer sa
conduite à un étalon fixe et immobile de justice établi une fois
pour toutes, on risque d'être souverainement injuste. Il arrive par
là que ce qu'on croit être la plus exacte justice, fondée sur l'exacte
réciprocité des droits, n'est souvent que la suprême injustice :
Summum jus, summa injuria.

2° A tout devoir strict correspond, dit-on, un droit dans la
personne qui en est l'objet : au point de vue de la stricte justice,
les personnes doivent donc rester les unes à l'égard des autres
sur le terrain de leurs droits respectifs. Mais le droit pris à la lettre peut être féroce : par exemple, dans une déroute, une armée
doit passer tout entière sur un pont étroit ; chaque soldat se
presse pour passer sans s'occuper de ceux qui tombent à côté de
lui. « Chacun pour soi », pourvu qu'on ne cause aucun dommage
à autrui, telle est la formule du droit strict, qui croit respecter
par là scrupuleusement la justice.

3° Il ne faut pas confondre la justice ainsi entendue à la lettre
en un sens étroit et dur, avec l'équité, ou justice selon l'esprit,
selon la conscience, qui sait se relâcher à propos de la rigueur de
son droit, pour traiter autrui comme on voudrait raisonnablement

être traité par lui. Avec l'équité, nous complétons la justice stricte, et nous nous acheminons vers la charité.

4° Il ne suffit pas, en effet, de ne pas faire de mal à autrui, et la formule : « *Ne cuiquam noceas* », est bien loin de la perfection que la morale nous commande de réaliser selon nos forces. C'est-à-dire que la charité doit indispensablement compléter la justice. Sans doute la personne humaine est une « fin en soi » (Kant), et elle doit revendiquer résolument son droit ; mais l'homme ne doit pas être intraitable dans cette revendication à l'égard de ses semblables (*homo homini lupus*, Hobbes), et il doit faire pour les autres ce qu'il voudrait que les autres fissent pour lui. Le plus sûr moyen de faire tout son devoir, c'est de faire plus que ce qu'on croit être strictement son devoir ; la justice en effet n'est que la limite inférieure (encore variable et mobile selon les circonstances et les personnes) de la moralité : vouloir rester trop fidèlement attaché à ce ce minimum du devoir, c'est risquer bien souvent de rester au-dessous. C'est en morale surtout, qu'il est vrai de dire : « La lettre tue, l'esprit vivifie. »

E. G. D.

560-570. — *Comment se fait-il que la morale défende de rendre le mal pour le mal quand la justice veut qu'il soit fait à chacun selon ses œuvres ? — Expliquer pourquoi la loi « du talion » est réprouvée et au nom de quel principe.* (15 avril 1886).

PLAN

I. La justice veut qu'il soit fait à chacun selon ses œuvres : « Celui qui a frappé de l'épée périra par l'épée. » Mais si elle se préoccupe ainsi de proportionner d'une part la joie ou le bonheur à la vertu et d'autre part le malheur et la souffrance à la perversité, c'est pour réaliser l'ordre, pour donner satisfaction à ce principe et à celui du mérite et du démérite ; la sanction morale n'a pas d'autre fondement. Puisqu'il s'agit ici en particulier du châtiment, disons bien qu'il n'a pas pour but de rendre le mal pour le mal, mais de satisfaire à l'harmonie morale qui est le modèle de notre conduite.

II. Mais pourquoi ce rétablissement de l'équilibre moral un instant violé ne peut-il appartenir aux individus ? Pourquoi n'aurais-je pas le droit de rendre à un de mes semblables le mal qu'il m'a fait, et d'appliquer la loi du talion, qui semble l'expression la plus exacte de la justice ?

1º La loi du talion, bien loin d'exprimer la justice, n'est que le déguisement d'une notion essentiellement immorale, celle de vengeance : en effet la vengeance consiste à rendre le mal pour le mal, sans se proposer d'atteindre par la souffrance infligée le perfectionnement moral de celui qui nous a fait tort. Or l'instinct de la vengeance est en soi brutal, et commun aux animaux et à l'homme ; plus tard, il s'est régularisé en empruntant à la morale naissante au fond de la conscience humaine une apparence de justice, et il est devenu la loi du talion. Au lieu de rendre le mal pour le mal au centuple, on a égalé la punition au dommage : œil pour œil, dent pour dent. Mais sous cette nouvelle forme, la vengeance est toujours dépourvue de caractère moral : « La souffrance voulue pour elle-même est une cruauté ; elle n'est pas une fin, un résultat définitif, elle ne (doit être qu'un moyen de perfectionnement moral. »

2º La proportionnalité établie par le talion est tout illusoire, purement extérieure et matérielle ; les actes moraux ne sont pas des unités mathématiques équivalentes, il faut pour les apprécier chercher les intentions qui les ont dictés, et proportionner dès lors la peine, non au dommage éprouvé, mais au degré de perversité de l'agent. Or « on peut causer un grand dommage sans être un grand criminel, tandis que des volontés perverses, paralysées par certains obstacles, ne produisent parfois qu'un mal insignifiant. » (E. Caro, *Problèmes de morale sociale.*)

3º Le talion va contre son but ; car la souffrance, lorsqu'elle apparaît seulement comme la vengeance d'un individu, bien loin d'amender et de pacifier, ne fait qu'irriter davantage, et aggraver l'état de guerre et de lutte.

4e D'ailleurs celui qui a été lésé, ne saurait être bon juge de la peine à infliger : il sera souvent partial s'il est à la fois juge et partie. D'où la nécessité de la justice sociale ; et le progrès qui est résulté, pour la légitimité de la pénalité, du passage de l'état de nature à l'état social. L'état de nature est un état de guerre (*homo homini lupus*, Hobbes), et « les hommes ont compris que pour mener une vie où la sécurité de chacun pût être garantie, il leur fallait renoncer à la violence des appétits individuels, et se conformer à la volonté et au pouvoir de tous les hommes réunis. » (Spinosa, *Traité théologico-politique*, ch. XVI.)

III. Il ne faudrait pas conclure de là que la justice sociale

n'a d'autre but que de sauvegarder les intérêts des individus.
Elle n'est pas seulement une hygiène sociale; elle emprunte son
autorité à des principes supérieurs, et son pouvoir repose tout
entier sur le droit de réparation qui consiste à garantir les droits
des personnes, et à rétablir entre eux l'équilibre un moment com-
promis. Par là, la justice purement *distributive* se change en une
justice *commutative* (Aristote), autrement élevée, et seule justifia-
ble par des principes supérieurs.

Mais ces droits ne sont autre chose que « l'inviolabilité des personnes dans l'accomplissement de leur devoir ». Et les devoirs
des hommes entre eux n'ont d'autre fondement en dernière analyse,
que la charité : *Homo sum, et humani nihil a me alienum puto.*

Comment le talion pourrait-il dès lors être justifié? En effet :
1º Il n'est pas l'expression de la justice; 2º Il n'a d'autre fondement qu'un égoïsme brutal et féroce, et est exactement l'opposé
du grand principe de la charité, source de la moralité tout entière.

E. G. D.

573. — *Quel est au juste l'objet de la métaphysique? Comment
en concevez-vous le plan et la méthode?* (7 juillet 1888.)

DÉVELOPPEMENT

A toutes les époques de la philosophie, certains esprits, non
contents de considérer le monde des corps et les données de chacun de nos sens, ont voulu s'élever à des notions plus importantes
que la raison seule est susceptible de nous faire atteindre. Ils
ont voulu connaître les premiers principes et les premières causes, science à laquelle Aristote et son disciple Théophraste ont
donné le nom de métaphysique.

On peut établir deux divisions principales : dans la première on
étudie l'être en tant qu'être (Ontologie); dans la seconde on
cherche à pénétrer la nature des êtres, celle de l'âme, à savoir
ce que c'est que la nature, que le monde en général, quelle est
l'essence de la matière, enfin ce que c'est que Dieu, et comment
on arrive à démontrer son existence et ses principaux attributs.

L'être est, dans le sens strict, ce qui est opposé au phénomène,
c'est la substance opposée au mode ; dans un sens plus large,
l'être s'applique à tout ce qui participe à l'existence, à l'existence
actuelle, à l'existence future, même à l'existence idéale. L'être se
présente à nous sous un certain nombre de modes qui sont : le

possible, le réel, l'impossible; le contingent, le nécessaire; le fini, l'infini ; le relatif, l'absolu ; l'imparfait, le parfait.

Mais il ne suffit pas de connaître l'être en soi, l'être en général. Il faut que nous connaissions notre être propre, notre intelligence, sa nature, ses facultés, si elle est capable d'atteindre à la vérité, et en quoi consiste la vérité. Ces notions, étant du domaine exclusif de la raison, portent à bon droit, prises dans leur ensemble, le nom de métaphysique, c'est-à-dire ensemble de notions plus élevées que celles fournies par les sens.

Nous avons dit que c'est un devoir pour nous de connaître le vrai. Cependant certains philosophes qui ont paru aux diverses époques de la philosophie ont soutenu que cette connaissance est impossible, et ont mérité le nom de sceptiques.

Les uns prétendent supprimer l'objet même de la connaissance: c'est le scepticisme absolu, et ils se fondent sur quatre arguments principaux : 1º sur l'ignorance où nous sommes de toutes choses: nous ne savons le tout de rien, dit Pascal ; 2º sur l'erreur : nous nous trompons souvent, pourquoi ne nous tromperions-nous pas toujours? 3º sur la contradiction des opinions humaines ; 4º enfin sur l'impossibilité où est la raison de se démontrer elle-même sans faire un cercle vicieux, argument appelé diallèle.

D'autres plus timides veulent bien admettre que la vérité peut exister, mais elle n'existe que relativement au sujet; en un mot, ils réduisent l'objet au sujet même de la connaissance : ce sont les idéalistes, parmi lesquels il faut citer Berkeley, dont le système a pris le nom d'immatérialisme et se formule par les mots : *Esse est percipi*; 2º Hume et Stuart Mill, dont le système porte le nom de phénoménisme absolu, parce qu'ils prétendent que nous n'avons conscience que des phénomènes, et encore, de nos phénomènes internes, par conséquent de nos sensations, d'où ils tirent la conséquence qu'il n'y a que des corps, et que le moi est simplement une abstraction, un être de raison ; 3º Kant, dont le système a été appelé idéalisme transcendental, parce qu'il prétend que le seul moyen de se représenter le rapport de la pensée et de l'objet est d'admettre que l'objet se modèle sur la pensée et en prend la forme ; 4º l'idéalisme subjectif de Fichte qui supprime l'existence des choses en soi et qui prétend que la matière aussi bien que la forme viennent de l'esprit ou du moi. Le moi est tout ; en se posant soi-même, il pose le non-moi. On peut citer encore l'idéalisme objectif de Schelling et l'idéalisme absolu de Hégel qui ne sont que de légères variétés des systèmes précédents. Tous ces systèmes ont été impuissants à nier l'existence de l'objet et du sujet de la connaissance, et nous restons quand même convaincus de la réalité de l'esprit aussi bien que de celle des corps.

Mais il ne suffit pas d'affirmer la réalité de l'esprit et de la matière, il faut affirmer de plus la réalité divine, celle qui rend les autres réalités possibles et concevables. Cette partie de la métaphysique, la plus élevée de toutes, porte le nom de *Théodicée* : elle expose d'abord les preuves de l'existence de Dieu, preuves physiques, métaphysiques et morales, accessibles à tous les esprits, selon 'eur degré de culture. Mais Dieu n'existe pas simplement ; nous nous le représentons sous un certain nombre de modes appelés attributs, les uns métaphysiques, comme l'unité, la simplicité, l'immortalité, l'éternité, l'immensité ; les autres moraux, comme la bonté, la justice, l'omniscience, la providence.

Dieu est-il une substance unique dont les corps et les esprits ne sont que les modifications ? Spinosa l'assure, et son système a pris le nom de Panthéisme parce qu'il affirme implicitement que Dieu et l'Univers [se confondent, ce qui supprime la personnalité divine. Mais Dieu est distinct du monde qu'il a créé ; il a soumis l'Univers qui est son œuvre à un ensemble de lois sur le maintien desquelles il veille d'une façon permanente.

On peut faire rentrer aussi dans la métaphysique certaines notions de psychologie rationnelle qui consistent à établir la distinction de l'âme et du corps en se fondant sur la distinction des phénomènes, sur l'unité de la pensée, sur l'identité personnelle, sur la liberté morale.

Enfin quelques notions de cosmologie rationnelle ou philosophie de la nature. Ces notions consistent à chercher quelle peut être l'essence de la Matière ; deux conceptions fondamentales ont été proposées pour rendre compte de cette essence : 1° le mécanisme, 2° le dynamisme ; le premier système eut pour auteurs dans l'antiquité Démocrite et Épicure, dans les temps modernes Descartes et le P. Boscovich. Le dynamisme est une conception de Leibnitz.

Tel est l'objet de la métaphysique et tels sont les moyens par lesquels on [peut embrasser l'ensemble des questions qu'elle comporte.

J. M.

8.

Nous extrayons des *Essais de philosophie critique de M. Vacherot* le passage suivant qui se rapporte à une partie du même sujet :

Mais est-ce que la métaphysique peut être traitée scientifiquement ? Est-ce que la nature des problèmes qu'elle comprend, et le nom qu'elle porte, ne protestent pas contre une pareille prétention ? La métaphysique et la philosophie ayant eu de tout temps l'ambition de pénétrer l'essence et le fond des choses, et de s'élever aux premiers principes d'où les choses dérivent, il semble que la science positive n'ait rien à voir dans de pareilles spéculations, soit que de tels objets se trouvent réellement hors de la portée de l'esprit humain, soit que l'esprit humain puisse les atteindre par des procédés d'un autre ordre que par les méthodes positives.

Nous ne savons pas ce qu'on entend par l'essence et le fond des choses, si cela ne signifie pas tout simplement certaines propriétés essentielles et permanentes des choses, dont les caractères, les lois et les rapports subsistent indépendamment des conditions de perception ou de représentation sensible. En ce sens, les sciences positives, aussi bien que la philosophie et la métaphysique ont pour objet le fond et l'essence même des choses. C'est précisément ce qui distingue l'apparence de la réalité, et l'image de l'idée. La science peut se faire à l'aide d'images ; mais elle ne se compose que d'idées, c'est-à-dire de notions qui ont une véritable réalité objective. Le mot *ontologie* n'a pas d'autre sens, à notre avis. Donc, toute science véritable a un caractère *ontologique* et nous pourrions dire que le savant fait de l'ontologie sans le savoir, comme M. Jourdain faisait de la prose. Sauf les mathématiques, qui ont pour objet des abstractions, toutes les sciences traitent de la réalité, et la métaphysique ne fait point exception sous ce rapport. Toute la différence entre elles est dans le degré de généralité, de grandeur, de précision de leur objet. Il est certain que les objets métaphysiques proprement dits, comme la substance, la cause, la matière, la vie, l'âme, l'esprit sont des réalités plus difficiles à définir que les objets scientifiques, en raison de leur complexité ou de leur abstraction ou de leur étendue. Mais enfin ce sont des réalités, c'est-à-dire des choses qui ne peuvent être connues que par l'observation et l'analyse des propriétés qui en révèlent l'existence. Donc, ou la métaphysique est un pur jeu de dialectique, un tissu d'abstractions sans substance ; ou elle est une vue supérieure de la réalité fondée sur les résultats de l'observation et de l'expérience (1).

577. — *Que faut-il penser des doctrines qui nient la légitimité de la métaphysique ?* (23 juillet 1885.)

PLAN

I. — 1° A l'origine, la métaphysique fut tout le savoir. Plus tard, quand les sciences particulières s'en détachèrent, elle en

---

1. Voir aussi l'*Essai sur la méthode en métaphysique*, par M. Dubuc, in-8° ,5 fr.

resta l'âme, par les principes qu'elle leur fournit, — « Aujourd'hui, les sciences ont rompu tout commerce avec elle, et revendiquent le monopole de la certitude, non pas qu'elles prétendent à la connaissance totale des choses, mais elles soutiennent qu'au delà du champ qu'elles explorent, la certitude fait place aux rêves et aux chimères. »

2° Tel est le langage de toutes les doctrines qui nient la légitimité de la métaphysique : ces doctrines (empirisme, sensualisme...) peuvent se ramener à un point de vue unique : connaissance exclusive des phénomènes, impossibilité d'atteindre l'être en soi, l'être en tant qu'être, l'absolu. C'est le positivisme (Aug. Comte, Littré, Hume, Hamilton, MM. H. Spencer, Bain, Stuart-Mill...) Toute connaissance, dans de telles doctrines, est purement relative et l'absolu est inconnaissable.

3° Que faut-il penser de cette prétention de tout ramener au positif, au réel, c'est-à-dire à l'expérience ? pouvons-nous légitimement dire avec Saint-Simon : « Il n'y a qu'une seule maxime absolue : c'est qu'il n'y a rien d'absolu » ?

II. — 1° Rien de plus étroit et de plus inexact que cette conception de la philosophie et de la métaphysique : elle n'est plus dès lors autre chose que le recueil des vérités les plus générales dans lesquelles se résument les sciences particulières, c'est-à-dire elle est la science des sciences. — L'erreur du positivisme vient de ce que cette doctrine se place à un point de vue exclusivement objectif, et ne cherche pas une base solide dans l'étude du sujet conscient : le sujet conscient est étudié par analogie avec les choses extérieures, et la méthode positiviste va du dehors au dedans, au lieu d'aller du moi à l'absolu. Cette méthode est donc défectueuse

Sans doute la métaphysique n'est pas scientifiquement possible ; mais, si les voies de la science lui sont fermées, d'autres chemins lui sont ouverts.

2° C'est donc l'étude du sujet conscient qui doit être prise comme base, parce que le sujet renferme les formes de la connaissance, et l'élément stable qui rend la connaissance possible. L'interprétation de la matière du savoir (c'est-à-dire des phénomènes donnés par l'expérience) n'est possible que par une connaissance de la forme. La métaphysique a donc ses racines dans la psychologie et non dans la science objective. Donc elle est une science originale et absolument à part.

3° Mais cette étude de l'âme est essentiellement dominée par la préoccupation de trouver en nous-mêmes les éléments à l'aide desquels nous pourrons nous élever jusqu'à l'existence absolue : ces éléments sont les notions morales. Le sentiment de la liberté, ceux du devoir, de l'obligation, sont les seules notions à l'aide desquelles nous puissions sortir de l'empirisme et du subjectivisme pur, comme l'a montré admirablement l'auteur de la *Critique de la Raison Pratique*. En croyant au devoir, nous éprouvons le besoin de croire à un autre ordre de choses que l'ordre logique et scientifique ; nous ne perdons aucun des fruits de la science, et nous gagnons tous ceux que peut nous donner la culture de la bonne volonté ; l'autorité de la conscience prime celle de la science.

4° Dès lors le supérieur n'est plus nié au profit de l'inférieur, mais le supérieur, c'est-à-dire la volonté raisonnable et libre, explique au contraire l'inférieur. — Avec cette base solide des vérités morales, nous pouvons nous élever jusqu'à la notion d'un auteur de la loi morale qui seul a autorité pour en appliquer les sanctions. Cet absolu, cet être suprême que la science positive déclare impossible à atteindre, est affirmé par une métaphysique reposant sur les vérités morales.

5° Ainsi entendue, la métaphysique a dans la vie humaine un rôle incomparable : elle voit dans le Bien l'existence en soi et la raison de toute existence relative, et, en ramenant tout à cette réalité en soi, elle peut rallier toutes les âmes. Ainsi elle peut continuer d'exercer, tant que durera la conscience, « cette haute magistrature morale dont Socrate l'avait investie, et que Kant lui a rendue après vingt siècles de dépossession ».

E. G. D.

641. — *Commenter à l'aide de Descartes cette parole de Pascal :* « *Je puis bien concevoir un homme sans mains, pieds, tête... mais je ne puis concevoir l'homme sans pensée.* »

(28 novembre 1885.)

PLAN

I. Il y a deux hommes dans Pascal, le philosophe, le mystique, le cartésien, et le croyant sombre, farouche, qui, torturé malgré lui par le doute et se défiant des *puissances trompeuses* de sa nature, se jette dans les bras de la religion en criant à tous ceux qui, comme lui, cherchent sans trouver « Ecoutez Dieu ! » Si

Pascal n'était pas devenu le mystique que nous connaissons, il serait resté ce qu'il a été d'abord, un disciple de Descartes. Un grand nombre de *Pensées* sont même inspirées incontestablement par la philosophie cartésienne, et nous trouvons en plus d'un endroit là trace du *Cogito ergo sum*. Témoin le passage admirable du *Roseau pensant*, qui n'en est qu'un sublime commentaire; témoin encore cette parole : « Je puis bien concevoir un homme sans mains, pieds, tête... » On ne peut donner plus exactement le sens et la portée de cette parole qu'en la commentant à l'aide de Descartes; nous y verrons marqués les principaux traits de la psychologie du maître.

II. 1° Cette parole suppose une distinction préalable de l'âme et du corps : « Je puis nier, dit Descartes, qu'il y ait au monde aucune chose étendue, et néanmoins je suis assuré que je suis, tandis que je le nie ou que je pense; donc le moi n'appartient point à la connaissance que j'ai de moi-même » (*Méditations*). Donc « Je suis un être pensant — *Sum res cogitans*. — Toute l'essence ou toute la nature de l'esprit consiste seulement en penser. » La pensée n'est donc pas l'*attribut essentiel* de l'âme, elle est la *substance* même de l'âme, et ce serait folie d'imaginer un « substratum » de la pensée fermé lui-même à la pensée, un je ne sais quoi qui pense et ne se pense pas. La conscience ou le moi est donc le tout de l'âme. — Pascal voit bien toute la fécondité du *Cogito ergo sum*, et y trouve « le principe ferme et soutenu d'une philosophie entière » (*De l'Esprit géométrique*).

2° C'est pourquoi Descartes déclare que « l'âme est plus aisée à connaître que le corps. » En effet, je ne m'aperçois de l'existence de mon corps propre que parce que je le rattache à celle de l'âme qui est le fond de mon être, ou plutôt qui est tout mon être : mon corps n'est perçu par moi que comme un assemblage d'éléments étendus et résistants que je m'approprie, qui sont en quelque sorte à mon service. « L'homme est une intelligence servie par des organes » (De Bonald); mon corps n'est pas moi, il est mien; le corps est « l'enclos de la personne » (Taine), il n'est pas la personne même. Cette personne psychologique, cette âme, ce moi, je le connais par une intuition directe.

L'âme est plus aisée à connaître que le corps : (a) Dans son existence, car il m'est impossible de douter de ma pensée, tandis que je peux à la rigueur douter de la réalité des rapports entre mon corps et le monde extérieur. (Comment puis-je distinguer la

veille des illusions du sommeil ? —|Voy. 1re *Méditation*). — (b) L'âme
est plus aisée à connaître que le corps dans sa nature : les qualités du corps (saveur, odeur, couleur, son, étendue, résistance,
mouvement) sont toutes subjectives, ou du moins relatives à moi
(sensations) ; tandis que la sensibilité, l'intelligence, la volonté, sont
bien des manières d'être réelles du moi.

3° En outre, si la pensée n'était qu'un attribut, cet attribut pourrait faire momentanément défaut sans que la susbtance, c'est-
à-dire l'âme, cessât de penser ; mais si la pensée est la substance
même, il est clair que l'âme disparaît en même temps que la pensée. Donc « l'âme pense toujours ».

III, Notre pensée est donc la réalité la plus assurée qu'il soit
donné à l'homme de connaître, et l'écueil du scepticisme. Aussi le
scepticisme de Pascal ne porte-t-il que sur la connaissance de
Dieu : la pensée, en effet, dit-il, ne peut y suffire, il faut la charité,
c'est-à-dire l'amour, car « la distance infinie des corps aux esprits
figure la distance infiniment plus infinie des esprits à la charité :
cela est d'un ordre infiniment plus relevé. » — Mais l'homme reste
toujours pour lui un être dont toute la « dignité consiste en
la pensée » (*Pensées*, I, 6).   E.G.D.

683. — *Comment se pose le problème du mal? Présenter par
     ordre les points principaux du débat.* (19 mars 1888.)

DÉVELOPPEMENT

L'objection la plus considérable et la plus redoutable que l'on
puisse faire contre les théories finalistes de l'univers, c'est-à-dire
contre tous les systèmes qui regardent le monde comme gouverné
par une Providence, est tirée de l'existence du mal. — Vous pré-
tendez, dit-on à ces philosophes, que cet univers a été créé par un
Dieu souverainement intelligent, tout-puissant et bon, qui n'a pu
se proposer d'autre fin, en l'appelant à l'être, que le bien (puisqu'il est lui-même l'absolue Perfection). Il semble dès lors, d'après
vous, que ce cosmos doive être le meilleur possible, que l'ordre
le plus complet, l'harmonie la plus grande, y doivent régner, que
partout et à tous moments s'y révèle une admirable ordonnance ;
il semble que tout être doive marcher à sa fin régulièrement, sans
entrave, sans obstacle, et sans gêner les autres êtres qui ont, eux
aussi, chacun une destination à atteindre. Certes, voilà une grande
idée que vous vous faites de l'univers : mais êtes-vous bien sûr

que ce ne soit pas là un beau rêve, une magnifique utopie poétique, un roman métaphysique inventé par votre imagination ? et en descendant de ces hautes régions de la métaphysique *a priori*, ne vous apercevez-vous pas, si vous jetez les yeux autour de vous (ce qu'il est toujours prudent de faire, de temps à autre tout au moins), que votre roman n'est qu'une chimère, et que votre rêve est cruellement démenti par les faits ? Que voyons-nous en effet, dans cette implacable réalité au milieu de laquelle, après tout, nous sommes condamnés à vivre ? Nous voyons les êtres perpétuellement en guerre les uns avec les autres, les plus forts et les plus puissants prenant dans la vie la place des plus faibles, en les condamnant ainsi à périr ; nous voyons chacun de ces êtres, quel qu'il soit, exposé à de perpétuels dangers dans le milieu hostile où se déroule sa destinée précaire et toujours menacée d'un instant à l'autre ; nous voyons la maladie fondre sur eux à l'improviste ; nous les voyons tous, tous sans exception, soumis à l'inexorable loi de la mort : *Omnes debemur morti nos nostraque.* Et si nous nous préoccupons plus spécialement, parmi tous ces êtres, de la grande famille humaine, ce qui est naturel après tout, car l'homme tient incontestablement dans l'univers créé la plus large place, que voyons-nous ? Nous trouvons que les misérables humains sont soumis aux mêmes maux que les autres êtres dont nous venons de parler, et qu'ils ont en outre à en souffrir d'autres, qui sont comme leur lot à eux et leur triste privilège. L'homme a des facultés qui semblent devoir le mettre hors de pair au milieu des autres êtres, il a une intelligence, il s'enorgueillit beaucoup de posséder cette prérogative, unique en effet, de la raison qu'il croit infaillible ; et ces brillantes facultés, cette raison elle-même, sont irrémédiablement bornées, impuissantes, et sujettes à l'erreur ; il le sent, et il en souffre. L'homme a aussi une volonté libre ; il devrait ne s'en servir que pour réaliser le bien conçu par sa raison, et il lui arrive trop souvent de commettre le péché et le crime, et d'être ainsi lui-même la source de ses maux les plus terribles et les plus cuisants.

Voilà donc la froide et cruelle réalité, opposée aux rêves souriants d'un idéal optimiste. Comment expliquez-vous, dit-on encore aux doctrines qui proclament la Providence, comment expliquez-vous l'existence du mal sous toutes ses formes, si le monde est le meilleur possible ? En un mot, et pour répéter la question déjà posée par saint Augustin, *si Deus est, unde malum ?*

Reprenons chacun des points de vue différents de la question. Ils peuvent se ramener à trois : le mal physique (la maladie, la douleur, la mort); le mal métaphysique (imperfection des créatures, et impuissance de nos facultés); le mal moral.

Certes le mal physique tient une place considérable dans la vie humaine, mais ne peut-on le considérer comme ayant un rôle défini et nécessaire? La douleur sous ses diverses formes et la maladie sont ou bien des châtiments de nos fautes, ou bien des épreuves pour tremper le caractère et fortifier la volonté; ou plutôt, comme nous sommes tous plus ou moins pécheurs, ce sont toujours l'une et l'autre chose à la fois. On se rappelle les vers du poète (A. de Musset) :

> L'homme est un apprenti, la douleur est son maître,
> Et nul ne se connaît tant qu'il n'a pas souffert.

Qu'on relise ces belles paroles de Pascal (elles sont tirées de la *Prière pour demander à Dieu le bon usage des maladies*), on pourra dire ensuite si les souffrances du corps ne peuvent s'expliquer avec l'idée d'une Providence : « Seigneur, dont l'esprit est si doux en toutes choses, et qui êtes tellement miséricordieux que non seulement les prospérités, mais les disgrâces même qui arrivent à vos élus sont des effets de votre miséricorde, faites-moi la grâce de n'agir pas en païen dans l'état où votre justice m'a réduit. Que, comme un vrai chrétien, je vous reconnaisse pour mon père et pour mon Dieu, en quelque état que je me trouve, puisque le changement de ma condition n'en apporte pas à la vôtre, que vous êtes toujours le même, quoique je sois sujet au changement, et que vous n'êtes pas moins Dieu quand vous affligez et quand vous punissez, que quand vous consolez et que vous usez d'indulgence. » Mais la mort? dira-t-on. D'abord la crainte de la mort doit nous être une raison de tenir toujours notre conscience en règle, c'est donc une crainte salutaire ; et lorsqu'elle arrive, nous ne pouvons nous en plaindre, car Dieu nous a donné la vie, il nous la retire quand il lui plaît : d'ailleurs nous devons considérer que le corps seul meurt, et, si l'âme est immortelle, qu'importe que notre vie ici-bas se prolonge plus ou moins longtemps ? Nous ne voyons donc pas comment on pourrait tirer de l'existence de la mort un argument contre la Providence divine.

Ce qu'on appelle le mal métaphysique, n'est pas à proprement parler un mal. Les êtres créés par Dieu ne sauraient être qu'imparfaits; car, d'une part, plusieurs êtres parfaits ne peuvent coexister, attendu que la perfection est nécessairement une, et ne peut se distribuer dans une multiplicité d'individus qui y participeraient, et d'autre part, l'homme, en sentant l'imperfection de son être et de ses facultés, est obligé de reconnaître son impuissance et son infériorité, à une infinie distance de l'Être souverain et parfait duquel tout dépend, qui a créé et qui gouverne toutes choses. D'ailleurs, par la raison et la liberté, l'homme est capable de faire des progrès dans l'être, et de perfectionner soi-même et le monde en le faisant servir à des fins toujours de plus en plus hautes. En quoi y-a-t-il là à proprement parler un mal ?

Enfin, comment l'homme peut-il songer à reprocher à Dieu le mal moral, qui ne peut être que son œuvre ? L'homme a été créé avec une raison qui conçoit le bien, et avec une volonté libre capable de le réaliser : à lui de toujours faire de cette liberté l'usage pour lequel elle lui a été donnée. S'il fait mal, qu'il ne s'en prenne qu'à lui. Mais, dit-on, n'eût-il pas été préférable que l'homme eût été toujours nécessairement incliné à faire le bien ; Nous répondrons : dans ces conditions, il ne ferait pas à proprement parler le *bien*, parce que, comme il n'y aurait pas de lutte et d'effort, il n'y aurait ni *mérite*, ni responsabilité... ce serait la négation de toute morale.

Nous pouvons donc dire, pour conclure, que ni le mal physique, ni le mal métaphysique, ni le mal moral, ne peuvent être invoqués pour servir d'arguments contre la Providence divine. Il n'y a de bien et de mal, comme le disaient les stoïciens, que la vertu et le vice ; et ce   est pas Dieu, mais l'homme, qui en est l'auteur.

E. G. D.

773. — *Comparer le « Connais-toi toi même » de Socrate et le « Je pense, donc je suis » de Descartes* (28 mars 1887).

PLAN

1° Il est assez difficile de comparer à une distance de près de vingt siècles deux esprits tels que Socrate et Descartes, et de mettre en balance l'influence si considérable qu'ils ont exercée sur la pensée de leur temps. Cependant, en les replaçant l'un et l'autre dans leur milieu, dans les circonstances où ils sont apparus, il est possible, en tenant compte des différences qui forcément les séparent, de montrer une analogie profonde et bien remarquable entre les deux principes sur lesquels repose toute leur doctrine à chacun, le « γνῶθι σεαυτόν » (Connais-toi toi-même), et le « Je pense, donc je suis ».

2° A. Cicéron félicitait déjà Socrate d'avoir « fait descendre la philosophie du ciel sur la terre », c'est-à-dire d'avoir abandonné les vieux errements des cosmologies primitives et inauguré une nouvelle méthode en philosophie, celle de l'observation et de la réflexion intérieure. Par une vue de génie, en effet, qui devait avoir les conséquences les plus fécondes pour les destinées de la philosophie grecque après lui, il marquait la nécessité de prendre comme point de départ de toute recherche philosophique l'étude de l'âme humaine. Depuis Cicéron, et surtout dans les temps modernes, on a cent fois admiré le sens de cette forte et solide doctrine, et l'on n'a pas à craindre d'exagérer une admiration aussi justifiée. Il est important cependant de bien voir que le précepte socratique, tel que l'a conçu son auteur, n'a qu'une portée, psychologique d'abord, logique et surtout morale ensuite et que Socrate n'a nullement songé à faire reposer sur cette base une métaphysique. « Socrate, nous dit Xénophon, s'entretenait toujours des choses humaines, examinant ce qui est pieux et ce qui est impie, ce qui est beau et ce qui est honteux, ce qui est juste et ce qui est injuste, ce que c'est que la sagesse ou la folie, le courage ou la lâcheté, l'Etat et l'homme d'Etat..... et autres choses semblables dont il pensait que la connaissance nous rend vertueux et l'ignorance digne du nom d'esclaves. » (*Mémor*. I, 1). Se connaître pour devenir meilleur, voilà la grande question philosophique pour Socrate.

B. Le « Je pense, donc je suis » de Descartes a une tout autre portée. On serait tenté à première vue de lui attribuer un caractère et un rôle tout à fait analogue à ceux du γνῶθι σεαυτόν. Descartes, lui aussi, substitue à une méthode tout objective et logique une méthode psychologique, et montre la nécessité de mettre en tête de tous les problèmes philosophiques l'étude de l'âme humaine ; le « Je pense donc je suis » est une vérité immédiate, non un raisonnement : « Lorsque quelqu'un dit — Je pense donc je suis — il ne conclut pas son existence de sa pensée comme par la force de quelque syllogisme, mais comme une chose connue de soi ; il la voit comme par une simple inspection de l'esprit. » Rép. aux ob. contre les médit) De là vient l'évidence immédiate et absolue de cette vérité ; du reste le raisonnement que ses adversaires ont essayé de lui attribuer serait la plus grossière des pétitions de principe.

L'importance de cette affirmation primordiale est bien plus considérable que celle du « Connais-toi toi-même » socratique ; Descartes fait reposer sur elle toute certitude et toute réalité. Connaissant en effet sa pensée, il l'aperçoit imparfaite, et il est amené nécessairement par là à affirmer la perfection absolue et éternelle de Dieu ; ensuite Dieu ne pouvant ni se tromper ni tromper les hommes, puisqu'il est parfait, nous fait connaître avec toute certitude le monde extérieur lorsqu'il nous en donne des idées claires et distinctes (Voy. 4º partie du *Disc. de la Méthode*). Toute la métaphysique cartésienne repose donc sur cette base désormais ferme et inébranlable, et il construit là-dessus, avec une assurance inattaquable à tout scepticisme, l'édifice entier de la connaissance.

3º Donc, quelque mérite qu'ait eu Socrate à inaugurer le premier dans l'antiquité une méthode singulièrement féconde, et qui a contribué à susciter Platon et Aristote, il n'y a pas d'injustice à déclarer que la réforme de Descartes doit nous intéresser davantage encore et que les conséquences en ont été incontestablement plus grandes pour les progrès de la pensée moderne.

E. G. D.

798. — *On sait que le grand philosophe Kant a intitulé ses deux principaux ouvrages : « Critique de la raison pure et Critique de la raison pratique » ;*

Expliquer le sens qu'il a entendu attacher à ce mot : Critique.
Expliquer le sens de chacune de ces deux autres expressions Raison pure et Raison pratique (18 novembre 1886).

PLAN

I. Du sens du mot *Critique*. — Kant, d'abord dogmatique, et disciple, par l'enseignement Wolfien, des doctrines de Leibniz, dit lui-même qu'il a été réveillé du sommeil dogmatique par la lecture de Hume ; mais le scepticisme du philosophe anglais ne l'a pas plus satisfait que le dogmatisme, il lui a servi seulement à regarder de plus près à des affirmations qu'il avait prises jusque-là comme inébranlement établies. De la rencontre des deux doctrines dans sa pensée sortit la préoccupation d'une philosophie nouvelle, juste milieu entre elles, c'est la *Critique* : entre les affirmations hasar-

dées de l'une et les doutes injustifiés de l'autre, le plus sage est de
réviser la connaissance tout entière par la *Critique*, c'est-à-dire par
l'examen attentif et approfondi de la pensée, pour connaître à fond
sa constitution et les limites de ses droits. Par là Kant opère,
croit-il, une révolution dans la philosophie analogue à celle de
Copernic en astronomie : Copernic a montré que le vrai centre
de notre système planétaire est le soleil, Kant montre que le vrai
centre de la connaissance est la pensée, c'est-à-dire le sujet.

II. *Raison pure*, et *Raison pratique*. — Le sujet peut être
étudié à deux points de vue : comme source de la *connaissance théo-*
rique, c'est la raison pure, ou faculté de la métaphysique ; — la
raison pratique au contraire, nous fait concevoir les vérités de
l'ordre pratique ou moral.

1° La raison pure ne peut atteindre les réalités en soi ou nou-
mènes, elle ne peut les connaître, parce qu'elle ne le pourrait qu'en
faisant abstraction des lois de la pensée, ce qui est impossible ;
mais elle affirme l'existence de ces réalités en soi (τὰ νουμένα),
parce que les *phénomènes* (c'est-à-dire les apparences) que seuls
elle peut connaître ne se comprennent que comme les diverses
manières d'apparaître de réalités à la pensée, et selon les lois de
la pensée. Les phénomènes sont d'abord connus par la sensibilité ou connaissance sensible (intuitions obtenues par les formes
a priori du temps et de l'espace). Ces intuitions sont ensuite réunies
en jugements (*a priori* et *a posteriori*, analytiques et synthétiques, etc.) par les catégories (cause, substance, fin... etc.) de
l'entendement ou faculté discursive. Enfin ces jugements à leur
tour sont groupés, d'après leur nature, sous trois idées essentielles
de la Raison pure : idée du moi ou idée psychologique, idée du
monde ou idée cosmologique, idée de Dieu ou idée théologique.

Les formes, les catégories, les idées, ne sont que des lois de la
pensée, subjectives et nécessaires, et la raison pure tombe dans
des antinomies ou contradictions, dès qu'elle veut sortir du domaine subjectif pour formuler une affirmation sur la nature de la
réalité objective.

2° La Raison pratique est celle qui nous donne les vérités de
l'ordre moral : devoir, loi morale (impératif catégorique, nécessité consentie...) qui a pour conditions ou pour postulats indispensables la liberté, l'existence de Dieu comme législateur moral et
auteur des sanctions, l'immortalité de l'âme pour que les sanctions
soient complètes.

III. *Conclusion.* — Grands mérites de la critique de Kant; importance de la connaissance approfondie du sujet comme base d'une théorie de la connaissance; excès de la doctrine telle que Kant l'a faite, idéalisme transcendant, subjectivitisme, relativité de la connaissance, dont s'inspire le positivisme en France et en Angleterre.

E. G. D.

TEXTES
DES DISSERTATIONS PHILOSOPHIQUES
DONNÉES AU SECOND EXAMEN DU BACCALAURÉAT ÈS LETTRES

A LA SESSION DE NOVEMBRE 1888

DANS TOUTES LES FACULTÉS DES DÉPARTEMENTS

Faculté d'Aix.

I. — Que savez-vous de la philosophie d'Epicure ? (25 octobre 1888.)

II. — Exposer le rôle que joue l'habitude dans la vie morale de l'homme. (7 novembre 1888.)

III. — Des sciences mathématiques ; en indiquer l'objet ; en marquer le caractère propre ; en exposer la méthode. (8 novembre 1888.) — (*Tous les candidats étaient bacheliers ès sciences.*)

IV. — Du raisonnement par analogie. Indiquer les services qu'il rend dans les recherches scientifiques et les erreurs qu'il entraîne trop souvent. (19 novembre 1888.)

Ecole supérieure d'Alger.

V. — L'intelligence et la volonté ; leur distinction et leurs rapports. L'intelligence intervient-elle dans la volonté et la volonté dans l'intelligence ? Pour quelle part et dans quelle mesure ? (6 novembre 1888.)

Faculté de Besançon.

VI. — Expliquer comment Descartes ramenait tout l'univers à l'étendue et à l'espace. (26 octobre 1888.)

VII. — L'idée de justice peut-elle se ramener à celle d'utilité sociale ? (6 novembre 1888.)

VIII. — La croyance et la science ; délimiter leur domaine en philosophie. (8 novembre 1888.)

IX. — De l'habitude ; ses origines et ses lois. (10 novembre 1888.)

Faculté de Bordeaux.

X. — Du rôle de l'habitude dans la moralité. (25 octobre 1888.)

XI. — L'imitation est-elle, comme on l'a soutenu, le principe de tous les arts ? (5 novembre 1888.)

Faculté de Caen.

XII. — De la conscience morale. (30 octobre 1888.)

XIII. — Le plaisir et la douleur. (5 novembre 1888.)

XIV. — De la mémoire. (7 novembre 1888.)

XV. — La volonté. (9 novembre 1888.)

XVI. — Pourquoi l'intérêt ne peut-il servir de fondement à la morale ? (12 novembre 1888.)

XVII. — Faire connaître le principe de causalité. (14 novembre 1888.)

Faculté de Clermont.

XVIII — Vous distinguerez la mémoire imaginative de l'imagination créatrice. (2 novembre 1888.)

XIX. — Qu'entend-on par philosophie de l'histoire, philosophie du droit, philosophie des beaux-arts, philosophie des sciences, et, en général, quel est le sens du mot philosophie dans toutes les expressions analogues ? (5 novembre 1888.)

XX. — Quelle différence établissez-vous entre l'homme et l'animal ? (7 novembre 1888.)

Faculté de Dijon.

XXI. — Examiner les différentes phases de la découverte scientifique et marquer celle où intervient l'imagination. (29 octobre 1888)

XXII. — « Notre volonté ne se portant à suivre ni à fuir aucune chose que selon que notre entendement la lui représente bonne ou mauvaise, il suffit de bien juger pour bien faire, et de juger le mieux qu'on puisse pour faire aussi tout son mieux, c'est-à-dire pour acquérir toutes les vertus. » (*Descartes. Disc. de la méthode*, III, § 5) (14 novembre 1888.)

XXIII. — Des associations d'idées. Examiner les deux lois auxquelles on a prétendu les ramener toutes. Y a-t-il, outre les associations purement empiriques, des associations fondées sur d'autres principes que l'expérience ? (16 novembre 1888.)

Faculté de Grenoble.

XXIV. — De l'étude de l'âme humaine et des difficultés qu'elle présente. Comment peut-on les surmonter ? (30 octobre 1888.)

XXV. — Etude comparative de l'imagination et de l'entendement. (5 novembre 1888.)

XXVI. — Toutes les preuves de l'existence de Dieu ont-elles la même valeur ? Peut-on les ramener à une seule ? (19 novembre 1888.)

XXVII. — Exposer et expliquer les quatre règles de méthode données par Descartes. Suffisent-elles pour constituer une méthode générale complète ? (23 novembre 1888.)

Faculté de Lille.

XXVIII. — Expliquer et apprécier cette formule d'Auguste Comte : « Je n'ai le droit que de faire mon devoir. » (30 octobre 1888.)

XXIX. — Théorie sommaire de la perception extérieure. Etude spéciale des perceptions visuelles. (6 novembre 1888.)

Faculté de Lyon.

XXX. — Analyser les motifs de nos actions et déduire de cette analyse une classification des systèmes de morale. (25 octobre 1888.)

XXXI. — De l'usage et de l'abus du raisonnement par analogie dans les recherches scientifiques et dans nos relations avec nos semblables. (12 novembre 1888.)

XXXII. — L'optimisme et le pessimisme : vous apprécierez les deux systèmes en critiquant les arguments essentiels sur lesquels ils s'appuient, et vous chercherez quelles sont leurs conséquences dans la pratique et pour la morale. (13 novembre 1888.)

XXXIII. — De la classification des sciences. (14 novembre 1888.)

Faculté de Montpellier.

XXXIV. — Justifier cette pensée de Voltaire : « Les jugements soudains, presque uniformes, que toutes nos âmes, à un certain âge, portent des distances, des grandeurs, des situations, nous font penser qu'il n'y a qu'à ouvrir les yeux pour voir de la manière dont nous voyons. On se trompe : il y faut le secours des autres sens. » (*Eléments de philosophie Newtonienne*, ch. VII.) (25 octobre 1888.)

XXXV. — Définir ce que l'on entend par les mots : spiritualisme; matérialisme ; panthéisme ; criticisme. Ne point parler des objections soulevées par ces différentes doctrines. (3 novembre 1888.)

XXXVI. — Distinguer le bien du beau. (6 novembre 1888.)

XXXVII. — Examiner, en s'appuyant sur la théorie de la mémoire et du souvenir, la pensée suivante : « Le meilleur moyen d'apprendre est d'enseigner. » (8 novembre 1888.)

XXXVIII. — Part de l'induction et de la déduction dans la méthode historique. (10 novembre 1888.)

XXXIX. — Que signifie la formule cartésienne : « *Cogito, ergo sum* » ? (16 novembre 1888.)

XL. — Des rapports de la logique avec la grammaire. (19 novembre 1888.)

Faculté de Nancy.

XLI. — La critique du témoignage et la critique historique. (3 novembre 1888.)

XLII. — Faire la critique de la morale utilitaire ou morale de l'intérêt. (6 novembre 1888.)

XLIII. — Définir les différentes sciences qui composent la philosophie et indiquer leurs rapports mutuels. (8 novembre 1888.)

Faculté de Poitiers.

XLIV. — A quelle occasion Leibnitz a-t-il écrit ses *Nouveaux essais sur l'entendement humain* et sa *Théodicée* ? Quel est le fond de la polémique qu'il soutient dans ces deux ouvrages ? (26 octobre 1888.)

XLV. — Apprécier le jugement que porte La Fontaine dans les vers suivants sur le stoïcisme :

. . . . Ils retranchent de l'âme
. Désirs et passions, le bon et le mauvais,

Jusqu'aux plus innocents souhaits ;
Contre de telles gens, quant à moi je réclame ;
Ils ôtent à nos cœurs le principal ressort ;
Ils font cesser de vivre avant que l'on soit mort.

(6 novembre 1888.)

Faculté de Rennes.

XLVI. — De la généralisation. — Définir la généralisation ; énumérer les opérations qui la préparent et montrer comment elle intervient, à son tour, dans certains procédés logiques. Terminer par quelques réflexions sur l'importance et les inconvénients des idées générales. (25 octobre 1888.)

XLVII. — Exposer et apprécier le système de l'harmonie préétablie de Leibnitz. (5 novembre 1888.)

Faculté de Toulouse.

XLVIII. — Qu'est-ce que le bien moral ? Est-il la même chose que l'utile ? Est-il indifférent de prendre l'utile ou le bien moral pour règle d'action ? (25 octobre 1888.)

XLIX. — L'amour de soi est-il inséparable de tout principe d'action ? Quel est son rôle légitime en morale ? (5 novembre 1888.)

TABLE

PREMIÈRE PARTIE

TEXTES

INTRODUCTION.

PSYCHOLOGIE.

LOGIQUE.

TABLE 159

MORALE.

MÉTAPHYSIQUE.

Histoire de la philosophie.

DEUXIÈME PARTIE

SUJETS TRAITÉS

Psychologie.

Logique.

TABLE 161

MORALE.

MÉTAPHYSIQUE.

Histoire de la philosophie.

TROISIÈME PARTIE

Textes des dissertations philosophiques données a la session
de novembre 1888 dans toutes les facultés des départements.

Imp. de la Soc. de Typ. - Noizette, 8, r. Campagne-1re, Paris

EXAMENS D'ADMISSION AUX ÉCOLES
Polytechnique, Centrale, de Saint-Cyr, Navale

La publication en est faite tous les ans, pendant les examens, par feuilles in-8º adressées successivement aux abonnés. Elle comprend pour chaque École : toutes les **compositions écrites** du concours de l'année courante, les **solutions** des problèmes, le **calcul trigonométrique**, **l'épure** avec l'explication des constructions, et des **questions** posées par les divers examinateurs aux épreuves **orales**. Ces questions sont reproduites par groupes distincts correspondant aux examens des candidats qui, dans un intervalle déterminé, se sont présentés à Paris devant un même examinateur. Les développements relatifs aux compositions écrites sont rédigés par deux Professeurs de Mathématiques spéciales et la copie des questions orales est soigneusement révisée avant l'impression.

ABONNEMENTS :

École Polytechnique	Admissibilité..........	8 »
	Admission...........	8 »
	Les deux parties.......	16 »
École Centrale	Les Mathématiques séparément........	10 »
	La Physique, la Chimie et l'Histoire naturelle séparément.........	8 »
	Mathématiques, Physique, Chimie et Histoire naturelle. Ensemble......	15 »
École spéciale militaire de Saint-Cyr	Partie littéraire : Histoire, Géographie, Allemand..	6 50
	Partie scientifique : Mathématiques, Physique, Chimie.............	6 50
	Les parties littéraire et scientifique. Ensemble.....	13 »
École Navale	Épreuves scientifiques et littéraires réunies......	11 »

AVIS. — Toute personne qui, souscrivant un abonnement aux examens complets d'une École, demande en même temps la brochure contenant les examens de la même École pour une des années antérieures, bénéficie d'une remise de 50 0/0 sur le prix de la brochure.

La souscription de six abonnements à la publication complète des examens d'une même École donne droit au service gratis d'un septième abonnement pour une des Écoles au choix.

NOTA. — A la fin de chaque concours les numéros formant un ensemble complet sont réunis en brochures.

Institut National Agronomique

Examens d'admission, comprenant le texte de toutes les compositions écrites et des questions posées aux épreuves orales sur toutes les parties du programme.

Abonnement, sessions d'octobre et de novembre. . . 6 francs.

COMPOSITIONS ÉCRITES D'ADMISSION AUX ÉCOLES

Polytechnique, en 1864 et 1865, chaque année 0.75
    — de 1866 à 1889, avec solutions dévelop-
        pées des problèmes et épures. Chaque
        année . . . . 1 »

Normale Supérieure, *Section scientifique.* Ces compositions ont été publiées de 1875 jusqu'en 1884, avec
celles de l'École polytechnique (Voir les prix ci-dessus).
Chaque concours depuis 1884 séparément, 0 50, franco 0 60
Section littéraire, chaque concours depuis 1884, 0 50, — 0 60

Centrale des Arts et Manufactures, de 1861 à
1867, soit pendant sept années, énoncés et solutions
développées des problèmes, avec 24 épures, etc. Énoncés
seuls, 2 fr. — Solutions seules, 2 fr. ou ensemble. . . 3 »
    En 1872, 1873, 1874, 1875 et 1876, chaque année :
Énoncés seuls, 75 cent. ou avec solutions et épures 1 50
    De 1877 à 1889 : Énoncés avec solutions développées et
épures. Chaque année 1 50

Saint-Cyr depuis 1864, avec solutions développées des
problèmes et épures, chaque année (sauf 1871 où il n'y
a pas eu de concours) . . . . 1 »

Forestière, de 1873 à 1881, soit pendant 8 années,
    avec solutions développées des problèmes,
    1 vol. in-8° . . . . 5 »
    — de 1886 à 1887, chaque année, contenant les
        solutions développées des problèmes, 1 vol. in-8° 1 50

Navale, en 1877, 1878, 1879, 1885 à 1889, avec solu-
    tions développées des problèmes et épures,
    chaque année. . . . . 1 »

NOTA. — Les compositions écrites de Forestière en 1872 et avant 1870,
de Centrale en 1868 et en 1870, se trouvent encore dans les brochures
contenant en même temps les examens oraux.
    Dix collections différentes prises ensemble donnent droit à une remise
de 50 0/0.

Des Ponts et Chaussées (*Élèves externes, Cours
préparatoires*). Concours de 1884 et 1885 . . . . . . 1 »
    Concours de 1886, 1887 et 1888, ensemble. . 1 »

**De physique et de chimie industrielles de la
ville de Paris** et des **Écoles d'Arts et Métiers.**
Concours de 1884 et de 1885 pour l'admission à l'École de
Physique et Concours de 1885, pour l'admission aux Écoles
d'Arts et Métiers, in-8° . . . . 1 »

Normale spéciale de Cluny (*Sections des Lettres,
des Sciences et des Langues vivantes*), depuis 1885,
in-8°, Chaque concours, 0 50, ... Franco. 0 60

Vétérinaires. Concours de 1884, pour l'admission à l'École
    vétérinaire d'Alfort. 0 30
    — Concours de 1885, pour l'admission aux
        Écoles vétérinaires d'Alfort, de Lyon
        et de Toulouse, avec solutions des pro-
        blèmes . . . . 1 »
    — Concours de 1887 et 1888, avec solutions de
        problèmes, ensemble . . . . 1 »

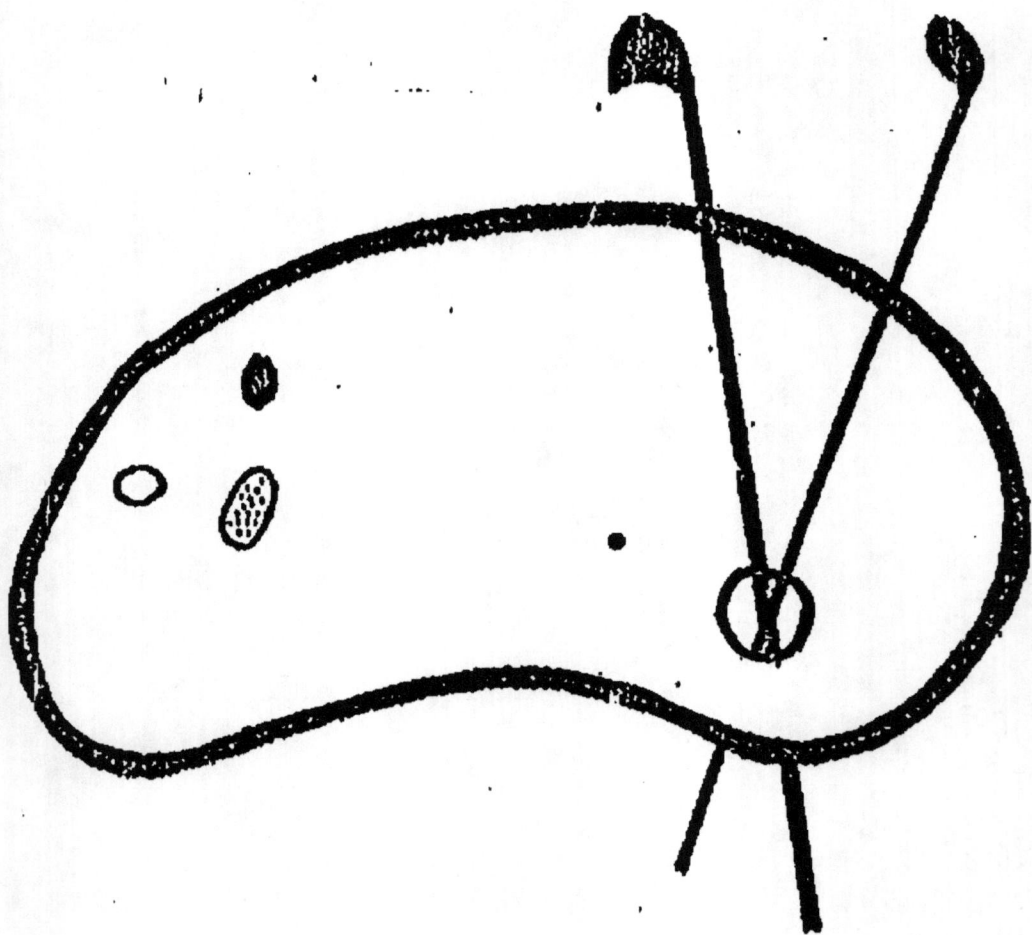

ORIGINAL EN COULEUR
Nᴿ Z 43-120-8

DU BACCALAURÉAT ÈS SCIENCES

Paraissant tous les jours depuis 1860
par numéros de 4 pages in-8°, pendant les sessions d'examens.

Les numéros sont publiés le lendemain de chacun des jours où il y a eu soit des épreuves écrites, soit des épreuves orales subies à la Sorbonne, et contiennent :

Les **énoncés** des questions de **mathématiques** et de **physique** et le texte de la **version latine** proposés la veille aux candidats, avec les **solutions** des problèmes rédigées par un professeur de mathématiques agrégé de l'Université, et la **traduction** de la version tirée d'un ouvrage choisi parmi les plus estimés, en outre l'indication des **interrogations** faites par MM. les Examinateurs et les noms des **élèves reçus.**

ABONNEMENTS :

Session d'avril, **2 fr.**, de juillet, **3 fr.**, de novembre, **3 fr.** — Trois sessions consécutives, **6 fr.**

VENTE :

Les prix des collections correspondant à des sessions terminées sont établis d'après le nombre des feuilles que ces collections contiennent et d'après leur ancienneté (Demander le catalogue).

PARTIE COMPRENANT LES ÉPREUVES ÉCRITES ET ORALES

Du Baccalauréat de l'Enseignement secondaire spécial

(ACADÉMIE DE PARIS)

La publication comprend les sujets des **compositions françaises,** les questions de **mathématiques, physique, chimie, histoire naturelle,** avec les **solutions** développées et la discussion des problèmes par un Professeur de Mathématiques agrégé de l'Université, les **thèmes anglais et allemands** avec leur **traduction** dans les deux langues par deux Professeurs agrégés de l'Université pour l'enseignement des langues vivantes, des questions posées à l'oral et les **noms** des **élèves reçus.** Il paraît pour chaque jour d'examen un numéro de huit pages in-8° contenant toutes les épreuves communes aux candidats d'une même série.

ABONNEMENTS :

Une année (trois sessions : avril, juillet et novembre) . **1 fr. »**
Chaque numéro est vendu séparément 0 fr. 30, *franco.*

PARTIE COMPRENANT LES ÉPREUVES ÉCRITES ET ORALES

DU CERTIFICAT D'ÉTUDES

Exigé des aspirants aux grades d'officier de santé ou de pharmacien de 2° classe.

ABONNEMENTS :

Une année (deux sessions, juillet et novembre) . . . . . . **0 fr. 60**